KARINA HAUFE

Low FODMAP

So funktioniert die FODMAP-arme Ernährung bei Reizdarm und Unverträglichkeiten

Rezepte für jeden Tag

humboldt

4 **WILLKOMMEN**

7 **LOW-FODMAP-ERNÄHRUNG – DAS SOLLTEN SIE WISSEN**
8 **Was bedeutet FODMAP?**
16 **Wie Beschwerden entstehen**
17 **Warum manche Menschen FODMAPs nicht vertragen**

19 **LOW-FODMAP-ERNÄHRUNG – FÜR REIZDARM & CO.**
20 **Reizdarmsyndrom**
22 **Weitere Unverträglichkeiten und Beschwerden**
22 Laktoseintoleranz
24 Fruktoseintoleranz und -malabsorption
25 Zöliakie
26 Weizenallergie
27 Weizensensitivität
28 Histaminintoleranz
29 Morbus Crohn und Colitis ulcerosa

31 **LOW-FODMAP-ERNÄHRUNG – JETZT WIRD'S PRAKTISCH!**
32 **Bevor es losgeht**
32 **Die Umstellung in drei Phasen**
33 Phase 1 – die Eliminationsphase
36 Phase 2 – die Provokationsphase
37 Phase 3 – die Integrationsphase
38 **Prä- und Probiotika: unterstützende Darmtherapie**
39 **Ergänzende Heilkräuter**

40 **FODMAP-Gehalt: Lebensmittel im Detail**
41 Früchte
43 Gemüse
46 Getreide
47 Gewürze
49 Milch und Milchprodukte
50 Weitere tierische Eiweiße
51 Pflanzliche Eiweiße
52 Zucker und Zuckerhaltiges
53 Sonstiges
54 **Allgemeine Tipps für die Küche**
54 Knoblauch ersetzen
56 Vorsicht, Brühwürfel!
57 Süßen und Süßungsmittel
58 Richtig würzen
59 Öle und Fette
60 Steckt da Laktose drin?

63 **LOW-FODMAP-REZEPTE FÜR GENIESSER**
64 **Frühstücke**
77 **Suppen**
82 **Vegane Hauptgerichte**
98 **Vegetarische Hauptgerichte**
113 **Hauptgerichte mit Fleisch**
125 **Hauptgerichte mit Fisch**
131 **Grundrezepte**
133 **Desserts**
137 **Gebäck**

153 **ANHANG**
153 **Glossar**
156 **Literaturverzeichnis**
157 **Rezeptregister**

WILLKOMMEN

Liebe Leserin, lieber Leser,

mir begegnen zunehmend Menschen mit den verschiedensten Nahrungsmittelunverträglichkeiten und -überempfindlichkeiten. Gleichzeitig kommen immer mehr Patienten mit Magen- und Darmbeschwerden unbekannter Ursache sowie mit chronischer Erschöpfung und Burnout zu mir. Viele von ihnen sind aufgrund der quälenden Dauerschmerzen und unberechenbaren Darmtätigkeit in ihrer Lebensqualität stark eingeschränkt. Und schämen sich deshalb – denn noch immer gilt vielerorts: Über Verdauungsbeschwerden spricht man nicht!

Oft stellt der behandelnde Arzt in solchen und ähnlichen Fällen die Ausschlussdiagnosen „Reizdarmsyndrom“ oder „stressbedingte Magen-Darm-Beschwerden“ – zu einer Ausschlussdiagnose kommt es, wenn keine anderen organischen Ursachen gefunden werden. Die Betroffenen haben dann zwar einen Namen für ihre Beschwerden, werden nach der Diagnose von Seiten der Medizin aber oft allein gelassen.

In meiner Praxis für Ernährungsberatung in München behandelte ich viele dieser Patienten mit individuell erstellten Ernährungsplänen und ergänzend mit Phytotherapeutika, also pflanzlichen Medikamenten und Präparaten zum Aufbau der Darmschleimhaut. Hierbei konnte ich gute Erfolge verzeichnen, allerdings blieb in den meisten Fällen eine vollständige Genesung aus.

Vor einigen Jahren hörte ich dann von der Low-FODMAP-Ernährung, arbeitete mich intensiv in dieses Thema ein und begann, Ernährungspläne entsprechend der FODMAP-Methode zu erstellen. Und siehe da: Damit konnte ich bei Patienten, die bislang nicht komplett genesen waren, oft durchschlagende Erfolge erzielen und in vielen Fällen nahezu Beschwerdefreiheit erreichen. Die FODMAP-Methode ist meines Erachtens ein sehr vielversprechender Ansatz, um mit relativ geringem Aufwand eine große Verbesserung bei Magen- und Darm-Beschwerden mit unklarer Ursache zu erreichen.

In diesem Buch erkläre ich Ihnen die wissenschaftlichen Grundlagen dieser Ernährungsform und nehme Sie dann mit in die Küche: Ein umfangreicher Rezeptteil bietet Ihnen alles, was Sie benötigen, um die Methode direkt auszuprobieren. Ich möchte Sie aber auch dazu anregen, sich über mein Buch hinaus mit dem Thema FODMAP auseinanderzusetzen. Weiterzulesen und zu recherchieren – und sodann eine sinnvolle und zielorientierte Entscheidung für Ihre Gesundheit zu treffen.

Ich wünsche Ihnen viel Spaß bei der Lektüre und viel Freude beim Kochen, Essen – und Genießen!

Ihre

Karina Haufe

LOW-FODMAP-ERNÄHRUNG – DAS SOLLTEN SIE WISSEN

Wer liebt nicht Brote, Pizza, Pasta oder Süßigkeiten! Doch ausgerechnet Ihre Lieblingsgerichte können Ihnen die Freude am Genuss trüben – mit Blähungen oder Durchfall bis hin zu krampfartigen Schmerzen. Schuld daran sind in vielen Fällen FODMAPs. In diesem Kapitel erfahren Sie, was es mit diesen Kohlenhydraten auf sich hat und warum sie manchen von uns Probleme machen.

Was bedeutet FODMAP?

Die meisten von uns lieben Kohlenhydrate, vor allem in Form von Brot, Pasta oder Schokolade. Leider enthalten diese Lebensmittel – wie auch Milchprodukte, Steinobst oder Kohl – *vergärbare* Kohlenhydrate, die während der Verdauung im Darm vermehrt Gase bilden. Die Abkürzung FODMAP steht für diese Gruppe von Kohlenhydraten, die in unserer Nahrung vorkommen und im Dünndarm nur schlecht resorbiert werden können. Sie setzen sich aus Mehrfach-, Zweifach- und Einfachzuckern zusammen, zu denen ich Ihnen gleich noch mehr erzählen werde. Das „P" steht für Polyole, das sind Zuckeralkohole, die vor allem beim Verzehr großer Mengen abführend wirken können.

Normalerweise vertragen wir FODMAPs gut. Bei Menschen mit starken Verdauungsproblemen belasten diese jedoch den ohnehin gereizten Darm zusätzlich und führen zu Blähungen, aber auch zu Durchfall und Schmerzen. „Jedes Böhnchen gibt ein Tönchen", sagt salopp der Volksmund. Für die Betroffenen kann genau das zur Qual werden. Ein Verzicht auf diese Kohlenhydrate und Zuckeralkohole kann folglich bei Magen-Darm-Beschwerden, vor allem dem Reizdarmsyndrom, erheblich zur Verbesserung der Beschwerden beitragen!

> **!**
>
> Das Besondere an der Low-FODMAP-Ernährung: *Mehrere* Inhaltsstoffe werden bewertet.

Bei der Low-FODMAP-Ernährung – auch FODMAP-arme Ernährung genannt – werden diese Kohlenhydrate auf dem Teller gezielt reduziert. Die Ernährungsform ist noch relativ neu, einige große klinische Studien und viele Erfahrungswerte von Patienten bestätigen jedoch heute schon, dass das Ernährungskonzept gut funktioniert. Ein Grund dafür ist, dass die Low-FODMAP-Ernährung auf der Bewertung von *mehreren* Inhaltsstoffen beruht, da in verschiedenen Lebensmitteln FODMAPs in unterschiedlichen Mengen enthalten sind. Dazu ein Beispiel: Zitronen enthalten nur ganz wenig Oligosaccharide und Polyole (auf diese Begriffe gehe ich gleich noch genauer ein), wenig Fruktose und keine Laktose. Zitronen enthalten also FODMAPs, werden in ihrer Gesamtbewertung jedoch als FODMAP-arm bewertet, weil der Anteil an FODMAPs insgesamt gering ist.

Überraschend für viele ist dann, dass die in anderen Früchten vorkommenden Zuckeralkohole Probleme verursachen können. Gleiches gilt für künstliche Süßstoffe (z. B. Sorbitol, Mannitol), die in Kaugummis oder Limos, die als zuckerfrei beworben werden, enthalten sind.

Nicht nur Reizdarmpatienten profitieren von der Low-FODMAP-Ernährung, sondern auch Menschen mit chronisch-entzündlichen Darmerkrankungen wie Morbus Crohn, mit Völlegefühl oder Weizenunverträglichkeiten. Auch manche Patienten mit Laktose- oder Fruktoseintoleranz, die weiterhin Beschwerden haben, obwohl sie auf Milchzucker beziehungsweise Fruchtzucker verzichten. Diese Krankheitsbilder werde ich Ihnen im zweiten Kapitel eingehender erläutern.

Das Akronym FODMAP steht für die Anfangsbuchstaben folgender englischer Begriffe:

- Fermentable = fermentierbare
- Oligosaccharides = Oligosaccharide
- Disaccharides = Disaccharide
- Monosaccharides = Monosaccharide
- And = und
- Polyols = Polyole

Schauen wir uns diese Begriffe einmal näher an!

F – Fermentierbar

Alle Lebensmittel, die unser Körper verdaut, werden im Darm erst einmal in ihre Bestandteile zerlegt. Die oben erwähnte Pasta zum Beispiel besteht hauptsächlich aus Weizenmehl. Dieses wiederum besteht aus Kohlenhydraten, die zu den FODMAPs zählen und die im Darm zunächst in kleinere Einheiten zersetzt

!

Fermentierte Lebensmittel können durchaus eine gesundheitsfördernde Wirkung für den Menschen haben.

!

Bei der Fermentation bilden sich Gase, die einen ohnehin überempfindlichen Darm zusätzlich reizen.

werden müssen. Hierbei handelt es sich konkret um Einfach-, Zweifach- und Mehrfachzucker sowie Zuckeralkohole, die, wie schon beschrieben, vom Dünndarm schlecht resorbiert und nicht zügig verarbeitet werden können. Aus diesem Grund gelangen sie in tiefere Darmabschnitte und schließlich weiter in den Dickdarm.

Wegen der Fermentierbarkeit, also Vergärbarkeit dieser Kohlenhydrate kommt es dann zu deren Zersetzung durch die unzähligen Bakterien der Darmflora und wahrscheinlich auch im ansonsten bakterienarmen Dünndarm. Diese Gärungsprozesse werden Fermentation genannt. Durch sie werden die FODMAPs zu kurzkettigen Fettsäuren wie Azetat, Propionat und Butyrat abgebaut. Dabei entstehen auch Gase wie Methan, Kohlenstoffdioxid (CO_2) und Wasserstoff (H_2). Gase, die den ohnehin überempfindlichen Darm zusätzlich reizen können. Denn: Sie blähen den Darm auf, Krämpfe und Bauchschmerzen sind die Folge. Darüber hinaus wirken die FODMAPs auch osmotisch. Das heißt, sie ziehen Wasser in das Darmlumen, was die Beschwerden verstärken kann.

O – Oligosaccharide (Mehrfachzucker)

Kommen wir zu den verschiedenen Kohlenhydraten, die Beschwerden verursachen können. Da sind zum Beispiel die Oligosaccharide, das sind Kohlenhydratketten, die aus drei bis zehn Einfachzuckern zusammengesetzt sind. Insbesondere Hülsenfrüchte sind reich an Oligosacchariden, zu denen Fruktane, Galaktane, Frukto-Oligosaccharide (FOS) und Galakto-Oligosaccharide (GOS) gehören. Dass es etwa nach dem Verzehr von Hülsenfrüchten oft verstärkt zu Gärprozessen bei der Verdauung, Gasproduktion und Blähungen kommt, ist auf solche Oligosaccharide zurückzuführen.

FODMAP-relevante Oligosaccharide sind in erster Linie Fruktane und Galaktane. Fruktane bestehen aus einem Molekül Saccharose und mehreren Molekülen Fruktose. Je nach Bindung unterscheidet man verschiedene Untergruppen, wie zum Beispiel Oligofruktose oder Inulin. Fruktane ergänzen oder ersetzen in einigen Pflanzen die Stärke als Speicherkohlenhydrat. Sie kommen vor allem in Weizenprodukten, aber auch in Roggen vor, wobei die im Weizen steckenden Fruktane mehr Beschwerden verursachen können. Auch in einigen Gemüsen wie etwa Endiviensalat, Chicorée, Spargel, Knoblauch und Zwiebeln finden sich Fruktane.

Die Crux unterm Strich: Diese Speicherkohlenhydrate sind die häufigste Ursache für Reizdarmbeschwerden – zur Erinnerung: Sie werden im Dickdarm von Bakterien fermentiert, wobei Gase entstehen, die zu den Beschwerden führen können. Wissenswert ist dabei auch: Um die Textur oder den Geschmack von Fertiggerichten zu verbessern, werden Fruktane bei Fast Food und Co ebenfalls gerne zugesetzt.

Auch Galaktane sind große Zuckerverbindungen, konkret: aus Galaktose aufgebaute Mehrfachzucker. Zu ihnen gehören beispielsweise Agar-Agar – bekannt geworden als pflanzliche Alternative zu Gelatine – und andere pflanzliche Schleimstoffe. Diese kommen in Getreidekörnern, Wurzeln oder auch Algen vor. Besser bekannt sind Ihnen wahrscheinlich Flohsamenschalen, die ebenfalls pflanzliche Schleime enthalten und daher in der ersten Phase des FODMAP-Konzepts nicht verzehrt werden sollten.

!

Fruktane und Galaktane sind die häufigste Ursache für Reizdarmbeschwerden.

D – Disaccharide (Zweifachzucker)

Disaccharide sind Zweifachzucker. Das bekannteste Disaccharid ist der Milchzucker, vielen auch als Laktose bekannt. Laktose besteht aus den Einfachzuckern Glukose und Galaktose und ist zum Beispiel in laktosehaltiger Milch von Säugetieren (Kuh, Schaf, Ziege) und Milchprodukten wie Joghurt, Ricotta und Hüttenkäse enthalten, aber auch als Zusatzstoff in verschiedenen Nahrungsmitteln wie Brot, Kuchen oder in Diätprodukten.

In allen Fällen wird Laktose von dem Enzym Laktase in der Darmschleimhaut gespalten und dann aufgenommen. Ist allerdings zu wenig Laktase vorhanden, kommt es zu typischen Symptomen einer FODMAP- beziehungsweise Laktoseunverträglichkeit wie Gasentwicklung, Blähungen und Bauchschmerzen.

> **!**
> Das bekannteste Dissaccharid, der Milchzucker, verursacht häufig Beschwerden.

Man geht heute davon aus, dass es mehr als nur zwei Formen der Laktoseverträglichkeit gibt: Neben Personen, die Laktose vertragen, und solchen, die Laktose nicht vertragen, werden noch Zwischenformen vermutet. Ähnlich wie eine junge Katze, die sich noch ausschließlich von Milch ernähren kann und bei der die Laktose erst im Erwachsenenalter Verdauungsprobleme bereitet, geht man auch beim Menschen von einer dynamischen Laktoseverträglichkeit aus, die sich mit dem Lebensstil und Alter verändert. Dies würde auch erklären, warum sich die FODMAP-Verträglichkeit in manchen Fällen im Laufe eines Lebens verschlechtert. Darüber hinaus kann eine Laktoseunverträglichkeit auch nach Magen-Darm-Infektionen oder chronisch-entzündlichen Darmerkrankungen wie Morbus Crohn auftreten.

In nördlichen Teilen Europas sind übrigens nur rund acht Prozent der Bevölkerung von einem Mangel an Laktase betroffen. Anders sieht es in Äquatorialafrika und weiten Teilen Asiens mit bis zu 98 Prozent aus.

M – Monosaccharide (Einfachzucker)

> **!**
> Der hohe Konsum von Fruchtzucker wird seit einigen Jahren sehr kritisch gesehen.

Mit den Monosacchariden sind wir beim Einfachzucker angekommen. Ein Einfachzucker, den viele und auch Sie kennen werden, ist der Fruchtzucker, auch Fruktose genannt. Fruktose wird seit einigen Jahren sehr kritisch bewertet, da er oft im Übermaß als Süßungsmittel in Limos und vielen anderen Nahrungsmitteln verwendet beziehungsweise diesen zugesetzt wird. In den letzten Jahren ist durch die Freigabe des Zuckermarktes in der Europäischen Union (EU) vor allem der Konsum von Maissirup – unter der Liste der Inhaltsstoffe eines Nahrungsmittels auch als „Glukosesirup" zu erkennen – stark angestiegen. Ein Glukosesirup, der mehr als fünf Prozent Fruktose des Gewichts in der Trockenmasse enthält, muss als „Glukose-Fruktose-Sirup" gekennzeichnet werden. Ab einem Fruktoseanteil von mehr als 50 Prozent muss er entsprechend als „Fruktose-Glukose-Sirup" bezeichnet sein. So oder so: Die Angelegenheit ist äußerst zuckrig, und da Maissirup besonders günstig herzustellen ist, sind entsprechende Zuckerzusätze in der Lebensmittelindustrie sehr beliebt.

Die Verträglichkeit von Maissirup hängt dabei vom Glukose-Fruktose-Verhältnis ab: Versuche zeigen, dass 80 Prozent der gesunden Menschen eine mangelhafte Fruktoseaufnahme (Malabsorption) haben, wenn sie mehr als 50 Gramm Fruktose auf einmal zu sich nehmen. Durch die gleichzeitige Einnahme von Glukose – dem bekannten Traubenzucker – kann die Fruktoseaufnahme etwas verbessert werden. Hierbei spielen GLUT-2-Transporter eine wichtige Rolle. GLUT-2 sind Transporteiweiße für Glukose, mit deren Hilfe Zucker rasch in die Zellen befördert werden kann – die eher ungünstige Fruktose wird also quasi mit der Glukose gemeinsam eingeschleust. Und an die Glukose „drangehängt" ist die Fruktose dann auch oft besser verträglich.

Dazu ein Beispiel: Der Verzehr einer halben unreifen Banane ist bei der Low-FODMAP-Ernährung erlaubt, weil Bananen ein Verhältnis von Glukose zu Fruktose größer 1 aufweisen (100 g Banane enthalten 3,5 Gramm Glukose und 3,4 Gramm Fruktose). Die Aufnahme der Fruktose wird in diesem Fall also durch das gute Glukose-Fruktose-Verhältnis gefördert. Anders würde das bei Birnen aussehen. Ihr Glukose-Fruktose-Verhältnis ist deutlich kleiner 1: Birnen enthalten pro 100 Gramm circa 1,7 Gramm Glukose und 6,8 Gramm Fruktose. Konkret: Das schlechte Glukose-Fruktose-Verhältnis erschwert die Aufnahme von Fruktose, daher scheiden Birnen bei der Low-FODMAP-Ernährung auch aus. Außerdem kommt auch in Äpfeln, Feigen, Mangos, Dosenfrüchten, Trockenfrüchten und Wassermelonen reichlich Fruktose vor.

!

In Bezug auf FODMAPs ist Fruktose wichtig: Früchte, Honig, Süßungsmittel, einige Gemüsesorten und Getreidesorten, wie auch zahlreiche hochverarbeitete Fertigprodukte enthalten diesen Zucker.

Weiterhin enthalten Artischocken und Spargel Fruktose. Und nicht zuletzt hat auch Honig einen hohen Anteil dieses Zuckers.

Zu merken bleibt also: Gibt es einen Überschuss an Fruktose, kann das daraus resultierende ungünstige Glukose-Fruktose-Verhältnis zu Beschwerden führen. Dieser besteht als Disaccharid aus je einem Molekül Glukose und Fruktose.

P – Polyole (Zuckeralkohole)

!

Viele beliebte Früchtesorten sind leider reich an Zuckeralkoholen.

Bleiben noch die Polyole, das sind Zuckeralkohole. Ihre bekanntesten Vertreter sind Sorbitol, Mannitol, Xylitol, Maltitol und Erythritol. Polyole kommen in manchen Früchte- und Gemüsesorten vor, zum Beispiel in Äpfeln, Birnen, Aprikosen, Nektarinen und Kirschen, in Zwetschgen und Wassermelonen. Oder auch in Avocados, Pilzen oder Zuckererbsen. Häufig werden Polyole jedoch auch als Zuckeraustauschstoffe in kalorienreduzierten Lebensmitteln verwendet – also: Sorbit, Mannit, Xylit, Maltit, Isomalt und andere mehr. Auch in zahnschonenden und „zuckerfreien" Süßigkeiten und Kaugummis werden Polyole als Süßungsmittel zugesetzt. Das Problem dabei: Wie andere FODMAPs können auch Zuckeralkohole vor allem bei Verzehr großer Mengen abführend wirken. Es kommt zum berühmten Grummeln im Bauch und Durchfall. Bekannt ist dieses Phänomen durch den entsprechend lautenden Warnhinweis auf Produkten, die FODMAPs als Zuckerersatz verwenden, sofern deren Anteil über zehn Prozent am Gesamtprodukt beträgt: „Kann bei übermäßigem Verzehr abführend wirken."

Xylit wird meist als Zuckeraustauschstoff in der Lebensmittelindustrie eingesetzt und ist auch unter dem Begriff Birkenzucker bekannt („zuckerfreie Getränke"). Mannit ist in Pilzen enthalten. Als Lebensmittelzusatzstoffe werden diese mit E-Nummern gekennzeichnet (z. B. E 420 = Sorbit, E 432 = Mannit).

Was oft verwechselt wird: Polyole sind Zuckeraustauschstoffe, zu den Süßstoffen zählen sie aber nicht. Beide Gruppen sind zwar

Süßungsmittel. Doch während die Zuckeraustauschstoffe – also die beschriebenen Polyole (Zuckeralkohole) – zum Beispiel durchschnittlich 2,4 Kalorien pro Gramm an Energie freisetzen (Ausnahme: Erythrit ist kalorienfrei), haben Süßstoffe kaum oder gar keine Kalorien. Und das, obwohl sie über eine Süßkraft verfügen, die vom Verbraucherzentrale Bundesverband e. V. mit bis zu 3.000 Mal höher als jene von üblichem Haushaltszucker angegeben wird. Auch Süßstoffe sind Ihnen in Ihrem Alltag schon oft begegnet, darunter etwa Aspartam (E 951) oder Cyclamat (E 952). Für die Low-FODMAP-Ernährung gilt: Nahrungsmittel mit einem hohen Gehalt an Polyolen sollten vor allem bei Reizdarmbeschwerden reduziert beziehungsweise gemieden werden.

!

Süßungsmittel werden in Süßstoffe und Polyole – Zuckeraustauschstoffe – unterteilt. Letztere können in größeren Mengen Probleme machen.

Ihr Darm kann die Nerven verlieren

In Ihrem Magen-Darm-Trakt sind rund 200 Millionen Nervenzellen (Neurone) beheimatet. Und das ist eine ganze Menge, die in etwa der Anzahl der Zellen entspricht, die das Gehirn eines normalen Haustieres ausmacht. Nicht von ungefähr also wird das Netz der Nervenzellen in Ihrem Bauch von Wissenschaftlern als „zweites Gehirn" oder „Darmhirn" bezeichnet. Das kann mitunter sehr sensibel auf Störungen – wie FODMAPs – reagieren. Sind Nervenzellen im Darmhirn erkrankt, können darauf für das Reizdarmsyndrom typische Beschwerden folgen, wie unter anderem Forscher an der Technischen Universität in München (TUM) belegen konnten.

Wie Beschwerden entstehen

!

Durch FODMAPs verursachte Beschwerden machen sich teilweise erst Tage nach dem Essen bemerkbar.

Sie wissen jetzt, was FODMAPs sind: oft schwerverdauliche Kohlenhydrate und Zuckeralkohole. Diese gelangen größtenteils unverdaut in den Dickdarm, da Enzyme fehlen, um sie ausreichend zu verarbeiten. Dies wiederum bedeutet, dass die FODMAPs zumeist erst nach einigen Stunden in den Dickdarm gelangen und dort bis zu zwei oder drei Tage bleiben. Es kann also durchaus sein, dass Ihre Beschwerden erst längere Zeit nach dem Essen auftreten, wenn Sie schon gar nicht mehr an die Mahlzeit denken und deswegen auch etwaiges Unwohlsein womöglich anderen Ursachen zuordnen.

Die Körperprozesse, die bei Ihnen zu Beschwerden führen, laufen folgendermaßen ab:

- Durch den beschriebenen Fermentationsprozess, bei dem Darmbakterien die FODMAPs – und hier insbesondere Galakto-Oligosaccharide und Polyole – zerlegen, werden Gase produziert, wie beispielsweise Wasserstoff und Methan. Hierdurch kommt es auch zu einer Überdehnung des Darms, die an sich schon Schmerzen verursachen kann.
- Um die Volumenänderung im Darm zu beseitigen und die Gase abzubauen, entstehen Blähungen, die oft von Bauchkrämpfen und Unwohlsein begleitet werden. Durch eine erhöhte Muskeltätigkeit, die Peristaltik, versucht der Darm, die Gase und Säuren, die beim Vergärungsprozess ebenfalls entstehen, schnellstmöglich wieder loszuwerden.
- FODMAPs, insbesondere Fruktose und Fruktane, verfügen außerdem über eine starke osmotische Aktivität. Das heißt, eine erhöhte Zuckerkonzentration im Dickdarm zieht Wasser durch die Darmwand ins Innere und verflüssigt dadurch den Stuhlgang. Die Folge ist Durchfall.

Das heißt im Umkehrschluss für Sie: Durch eine gezielte Reduktion der FODMAP-Menge in Ihrer Ernährung können Sie Verdauungsbeschwerden in sehr vielen Fällen bessern.

Warum manche Menschen FODMAPs nicht vertragen

Obwohl FODMAPs in hohen Mengen in der Regel von allen Menschen schlecht verdaut beziehungsweise vertragen werden, sind sie nicht grundsätzlich „schlecht". Wer unter Darmerkrankungen wie dem Reizdarmsyndrom oder unter stressbedingten Magen-Darm-Beschwerden leidet, reagiert aber aus verschiedenen Gründen besonders stark auf FODMAP-reiche Nahrung. Zu diesen Gründen gehören folgende drei Aspekte:

- **Viszerale Hypersensitivität:** Ein Reizdarm führt zu einer gesteigerten Wahrnehmung von Schmerzreizen im Darm, so dass die von FODMAPs ausgelösten Effekte besonders stark empfunden werden.
- **Darmmikrobiom:** Vor allem das Reizdarmsyndrom führt zu einer Veränderung der Bakterienbesiedlung (Darmflora) im Darm, was wiederum mit einer veränderten Gärung der FODMAPs einhergeht.
- **Motilitätsstörung:** Motilität im Magen-Darm-Trakt beschreibt den Transport, die mechanische Zerkleinerung von Nahrungsbestandteilen und deren Durchmischung mit den Verdauungssäften. Bei einer Motilitätsstörung führen die geänderte Aktivität der Darmmuskulatur und der Nervenzellen, die als enterisches Nervensystem (ENS) wie ein Netz den Magen-Darm-Trakt durchziehen (das oben bereits erwähnte Darmhirn), zu einer erhöhten Krampfneigung der Darmmuskulatur – dies unter dem Einfluss der FODMAPs.

LOW-FODMAP-ERNÄHRUNG – FÜR REIZDARM & CO.

Vor allem für Menschen mit Reizdarm, aber auch bei einer Laktose-, Fruktose- oder Histaminintoleranz, bei Zöliakie, Morbus Crohn oder Colitis ulcerosa kann eine Low-FODMAP-Ernährung sinnvoll sein. Ebenso profitieren oft Menschen mit verschiedenen Überempfindlichkeiten oder denen Stress besonders auf den Magen schlägt von einer Reduktion der FODMAPs in ihrem Speiseplan.

!

Die Low-FODMAP-Ernährung wurde in erster Linie für Menschen mit Reizdarm entwickelt.

Auf den nächsten Seiten stelle ich Ihnen neben dem Reizdarmsyndrom weitere Erkrankungen vor, bei denen meiner Erfahrung nach Low FODMAP einen Versuch wert ist. Eines muss an dieser Stelle jedoch klar gesagt werden: Die Low-FODMAP-Ernährung wurde in allererster Linie für Menschen mit funktionellen Darmbeschwerden entwickelt – Reizdarmpatienten profitieren also am meisten davon! Doch auch bei Menschen mit einer Weizensensitivität scheint sie sich positiv auszuwirken – und Betroffene mit einer chronisch-entzündlichen Darmerkrankung wie Morbus Crohn oder Colitis ulcerosa profitieren möglicherweise ebenso von einer FODMAP-armen Ernährung. Lassen Sie es also auf einen Versuch ankommen!

Reizdarmsyndrom

Das Reizdarmsyndrom, kurz Reizdarm oder RDS, ist ein Symptomenkomplex, der den Verdauungstrakt, genauer gesagt den Darm betrifft. Der Reizdarm zeichnet sich dabei durch eine funktionelle Störung der Darmtätigkeit aus. Es ist also ein Zusammentreffen von Krankheitszeichen oder Beschwerden, die keine organische Ursache haben oder erkennen lassen. Die Diagnose ist folglich eine Ausschlussdiagnose, das heißt, es müssen erst alle organischen Ursachen für die Beschwerden, wie beispielsweise chronisch-entzündliche Darmerkrankungen oder Infektionen, ausgeschlossen werden, bevor anhand der typischen Beschwerden die Diagnose RDS gestellt werden kann.

Deutschlandweit liegt die Zahl der Betroffenen bei 16,6 Prozent und somit bei rund 14 Millionen Menschen.

Insgesamt handelt es sich um ein sehr vielschichtiges Beschwerdebild, das oft mit einem hohen Leidensdruck einhergeht und unterschiedliche Ursachen und Erscheinungsformen haben kann. Vermutlich spielen bei der Entstehung eines Reizdarms

Faktoren wie eine genetische Veranlagung, durchlebte schwere Darminfekte, andauernder negativer Stress und psychische Aspekte eine wichtige Rolle. Aber auch Ernährungseinflüsse und Nahrungsmittelunverträglichkeiten.

Typisch für einen Reizdarm sind Bauchschmerzen, Übelkeit, Blähungen, Verstopfung, Völlegefühl, Darmgeräusche und vieles andere mehr. Da diese Symptome auch bei verschiedenen anderen Erkrankungen vorkommen und nicht spezifisch sind, hat man beim Reizdarm eine weitere Unterteilung hinsichtlich der im Vordergrund stehenden Symptome vorgenommen. So werden heute vier Reizdarmtypen unterschieden:

- der Durchfalltyp
- der Verstopfungstyp
- der Blähungstyp
- der Schmerztyp

Diese Einteilung bezieht sich rein auf die jeweiligen Beschwerden, die auch bei jedem einzelnen Patienten immer wieder wechseln können. Zusätzlich treten beim Reizdarm Beschwerden wie Schleimauflagerungen auf dem Stuhl oder eine unvollständige Darmentleerung auf. Die empfundenen Schmerzen können sehr unterschiedlich sein. Von meinen Patienten wurde mir jedoch am weitaus häufigsten von einem dumpfen Dauerschmerz oder Druckgefühl in der Darmgegend berichtet. Wobei diese Schmerzen zumeist nach dem Stuhlgang kurzzeitig besser werden.

Die Low-FODMAP-Ernährung kann zu einer Verbesserung der Beschwerden beim Reizdarmsyndrom beitragen. Wobei es insbesondere in der letzten Phase des FODMAP-Konzepts (Seite 37) sinnvoll ist, parallel mit der Einnahme von Probiotika zu beginnen. Mehr dazu erfahren Sie im dritten Kapitel dieses Buches, wenn wir uns die einzelnen Phasen der Low-FODMAP-Ernährung im Detail anschauen.

Achtung: Fehldiagnose!
Aufgrund der Tatsache, dass die meisten der Beschwerden, die beim Reizdarm auftreten, auch bei verschiedenen anderen Darmerkrankungen oder Nahrungsmittelunverträglichkeiten sowie Allergien auftreten können, besteht in der Praxis die Gefahr einer vorschnellen Reizdarmdiagnose und damit einer Fehldiagnose. Deswegen müssen diagnostisch zuvor alle anderen infrage kommenden Krankheiten – wie etwa eine Milchzuckerunverträglichkeit oder eine Erkrankung der Bauchspeicheldrüse – ausgeschlossen werden. All diese Krankheiten haben teils sehr ähnliche Symptome und lassen sich folglich selbst von Fachleuten und Medizinern nicht ohne weiteres voneinander abgrenzen.

Weitere Unverträglichkeiten und Beschwerden

Laktoseintoleranz

Als Laktose bezeichnet man den Milchzucker, der natürlicherweise in der Milch von Säugetieren enthalten ist. Damit der Körper diesen Zweifachzucker verwerten kann, muss dieser in die beiden Bestandteile Galaktose und Glukose gespalten werden.

Bei einer Laktoseintoleranz herrscht ein Mangel oder ein Fehlen an dem Enzym Laktase in der Darmschleimhaut vor, was dazu führt, dass der Milchzucker nicht aufgespalten werden kann. Wenn Sie beispielsweise nach dem Essen von Milchprodukten unter Bauchschmerzen, Blähungen oder Durchfall leiden, kann dies ein Anzeichen für eine Intoleranz sein. Wichtig ist auch, wie lange die Beschwerden bereits bestehen oder ob in Ihrer Familie weitere Fälle einer Laktoseintoleranz bekannt sind.

Milchzucker befindet sich in allen herkömmlichen Milchprodukten. Der Gehalt des Milchzuckers in dem jeweiligen Produkt variiert jedoch stark. Ein lang gereifter Joghurt ist beispielsweise laktosearm, Parmesan ist sogar laktosefrei.

Mithilfe Ihres Arztes oder Ernährungsberaters können Sie herausfinden, wo Ihre Toleranzgrenze für Laktose liegt – also gemeinsam die Fragen beantworten, welche Mengen an Milchzucker Sie vertragen und ab welcher Menge die Beschwerden beginnen und massiver werden. Tatsächlich ist es so, dass die Toleranzgrenze sehr individuell ist und sich bei jedem von Laktoseintoleranz Betroffenen anders darstellt. Sie kann bei 15 oder 20 Gramm liegen, in anderen Fällen können bereits Mengen von nur zwei oder drei Gramm Beschwerden auslösen.

Der Laktosegehalt von Milchprodukten variiert stark.

Zudem kann das Enzym Laktase auch von außen, zum Beispiel in Form von Tabletten oder Kautabletten, zugeführt werden. Diese zählen zu den Nahrungsergänzungsmitteln und sind rezeptfrei in Apotheken oder Drogeriemärkten erhältlich. Diese Tabletten sollten allerdings nur eingesetzt werden, wenn wirklich eine Laktoseintoleranz vom Arzt festgestellt wurde. Und auch dann nicht auf regelmäßiger Basis, sondern nur in Ausnahmefällen, wie beispielsweise Essen außer Haus, Reisen oder ähnliches. Darüber hinaus sind laktosefreie Lebensmittel übrigens daran zu erkennen, dass sie maximal 0,1 Gramm Laktose pro 100 Gramm Lebensmittel enthalten.

Fruktoseintoleranz und -malabsorption

!

Bei Fruktoseintoleranz kann die Fruktose nur sehr langsam gespalten werden.

Fruktoseintoleranz ist ein angeborener Enzymdefekt, der bewirkt, dass Fruktose – also der bekannte Fruchtzucker – nur sehr langsam gespalten und damit nicht oder kaum vertragen wird. Hier zeigen sich ähnliche Beschwerden wie bei der Laktoseintoleranz. Besonders hoch ist zum Beispiel der Fruktosegehalt in Obst, Fruchtsäften, Honig, Wein, in Limos und in Fertigprodukten. Dagegen enthalten Getreideprodukte, Nüsse, Fleisch, Eier, Kaffee und natürlich Gemüse nur wenig oder keine Fruktose.

Bei einer **Fruktosemalabsorption** handelt es sich um eine Stoffwechselstörung im Dünndarm. In diesen Fällen gelangt die zugeführte Fruktose vermehrt in den Dickdarm und kann deswegen nicht effizient resorbiert werden. Fruktose ist, wie Sie im ersten Kapitel schon erfahren haben, ein Einfachzucker und wird nicht gespalten. Der Transport von Fruktose erfolgt folglich direkt vom Darm ins Blut. Bei einer Fruktosemalabsorption ist dieses Transportsystem gestört. Es stehen zu wenige Transportsysteme zur Verfügung, weswegen ein Teil der Fruktose unverdaut in den Dickdarm gelangen kann. Was dann folgt, wissen Sie inzwischen schon recht gut: Die Darmbakterien verarbeiten die Fruktose zu kurzkettigen Fettsäuren – und auch zu verschiedenen Gasen, die

Beschwerden wie Völlegefühl, einen aufgetriebenen Bauch, krampfartige Schmerzen und Durchfall verursachen können.

Wie genau Sie den Fruktosegehalt Ihrer Lebensmittel im Blick behalten sollten, hängt vom konkreten Ausmaß Ihrer Fruchtzuckerunverträglichkeit ab. Viele Menschen, bei denen eine Fruktosemalabsorption vorliegt, können trotzdem zumindest geringe Mengen Fruktose zu sich nehmen, ohne dass es zu nennenswerten Beschwerden kommt. Das heißt auch, dass sich eine Diät individuell nach dem Grad der Unverträglichkeit richten sollte, wobei Sie Ihr Arzt oder Ernährungsberater bei der Erstellung eines entsprechenden Ernährungsplans gezielt unterstützen kann.

Zöliakie

Zöliakie ist eine Autoimmunerkrankung und eine chronische Erkrankung des Magen-Darm-Trakts, bei der sich der Dünndarm entzünden kann. Die Anlage zu einer Zöliakie kann ererbt sein. Schuld an den damit in Verbindung stehenden Beschwerden ist das Immunsystem. Es stuft das eigentlich harmlose Klebereiweiß Gluten – das ist der Stoff, der beim Backen dafür verantwortlich ist, dass der Teig gut zusammenhält – als gefährlich ein und reagiert entsprechend über, sobald Patienten Gluten mit der Nahrung aufnehmen. Die körpereigene Abwehr geht mit dem vermeintlichen Eindringling ebenso roh um wie etwa mit Bakterien oder Viren, die den Organismus attackieren.

> **!** Ein anderes Wort für Zöliakie ist Glutenunverträglichkeit.

Gluten steckt in vielen Getreidesorten wie Weizen, Roggen, Gerste, Dinkel oder Grünkern. Typische Beschwerden bei Glutenunverträglichkeit sind Völlegefühl, Blähungen und Durchfall, aber auch Erbrechen bis hin zu Gewichtsverlust.

Auch einen körpereigenen Stoff ruft das Immunsystem von Zöliakiepatienten auf den Plan: das Enzym Gewebetransglutaminase. Es spaltet bei gesunden Menschen das Gluten. Kennzeichnend bei Glutenunverträglichkeit ist allerdings eine daraufhin zunehmend chronische Entzündung der Dünndarmschleimhaut, durch die wiederum die Darmepithelzellen zerstört werden. Die Folge: Mikronährstoffe können schlechter aus dem Darm resorbiert werden. Folgen sind ein Mikronährstoffmangel und der erwähnte Gewichtsverlust.

Low-FODMAP-Ernährung = glutenfrei?
In der Low-FODMAP-Ernährung müssen Sie zunächst z. B. Weizen, Roggen, Dinkel und Gerste meiden, weil diese die FODMAP-reichen Oligosaccharide enthalten. Diese Getreide enthalten auch Gluten. Viele FODMAP-Rezepte sind folglich glutenfrei, weil sie so zugleich die Oligosaccharide aus Getreide ausschließen. Dennoch kann daraus nicht sicher geschlossen werden, dass Low-FODMAP-Rezepte von Menschen mit Zöliakie problemlos vertragen werden!

Weizenallergie

Hierbei handelt es sich um eine Lebensmittelallergie auf Weizen. Anders als bei einer Weizenpollenallergie sind jedoch nicht die Getreidepollen der Auslöser der Weizenallergie, sondern die Proteine im Weizen.

Erwachsene leiden häufig unter einer dauerhaften Weizenallergie, die in Verbindung mit körperlicher Anstrengung oder als sogenanntes Bäckerasthma, ausgelöst durch das Einatmen der Allergene, auftreten kann. Im Klartext: Die Beschwerden treten nach dem Verzehr von Weizen in Kombination mit körperlicher Anstrengung auf und können lebensbedrohlich sein.

Die Therapie besteht in erster Linie in einer Ernährungsumstellung und dem Weglassen von Weizen und verwandten Getreidesorten wie Dinkel, Emmer, Einkorn oder Kamut. Auch verarbeitete Lebensmittel, die Weizen enthalten, müssen vermieden werden. Für Betroffene ist es sehr wichtig, glutenfreie Produkte nicht mit weizenfreien Produkten gleichzusetzen, da in diesen glutenfreie Weizenstärke enthalten sein könnte.

Weizensensitivität

Bei dieser „Nicht-Zöliakie-Weizensensitivität“ (NZWS) handelt es sich um eine Überempfindlichkeit gegenüber Weizen. Man geht zurzeit davon aus, dass das vermehrte Auftreten von Amylase-Trypsin-Inhibitoren (ATI), einer Gruppe von Proteinen, die in Weizen und verwandten Getreidearten vorkommen, dabei eine wesentliche Rolle spielt. Eine Ursache dafür könnte die Zunahme von ATIs in den modernen Hochleistungsweizensorten sein.

Bei circa einem Viertel der Betroffenen besteht nach meiner Erfahrung gleichzeitig eine Überempfindlichkeit gegenüber FODMAPs. Eine Zöliakie oder eine Weizenallergie liegt in diesen Fäl-

Es gibt ganz unterschiedliche Gründe, warum Menschen Weizen nicht vertragen.

!

Zöliakie und Weizensensitivität sind nur schwer voneinander zu unterscheiden.

len nicht vor. Da sich die Symptome jedoch zum Täuschen ähnlich sind, möchte ich Sie an dieser Stelle noch einmal darauf hinweisen, dass alle in diesem Buch vorgestellten Krankheitsbilder gründlich voneinander abgegrenzt und diagnostiziert werden müssen. Interessant ist für Sie vielleicht auch, dass die Beschwerden nicht immer ausschließlich aus dem Bauch kommen müssen. Vielleicht haben Sie öfter Kopfschmerzen, fühlen sich unkonzentriert und geschwächt. Auch solche unspezifischen Beschwerden können für Ihren Arzt oder Ernährungsberater wertvolle Hinweise sein.

Histaminintoleranz

Zunächst einmal sind FODMAPs und Histamin verschiedene Substanzen: Bei FODMAPs handelt es sich um Kohlenhydrate, Histamin dagegen ist ein Eiweiß. Es wird im menschlichen Körper produziert, arbeitet als Botenstoff beispielsweise bei der Verdauung mit und ist an der Immunabwehr beteiligt. Bei einer allergischen Reaktion wird Histamin ausgeschüttet und fungiert dabei unter anderem als Entzündungsmediator. Histamin kommt aber auch in Lebensmitteln vor, besonders in gereiften, wie auch in geräucherten Waren oder etwa eingesalzenen Fisch- und Wurstprodukten.

Werden histaminhaltige Lebensmittel gegessen, wird das Histamin normalerweise im Darm durch das Enzym Diaminoxidase (DAO) abgebaut. Bei einem Mangel an diesem Enzym kommt es zu Beschwerden im Magen-Darm-Trakt, die mit einer Histaminintoleranz einhergehen. Typische Symptome sind plötzliche Hautrötungen oder Juckreiz, darüber hinaus auch Übelkeit, Durchfall und Erbrechen.

Bei Personen mit einer solchen Histaminintoleranz kann eine histaminarme Ernährung die Symptome bessern. Studien haben gezeigt, dass sich Histaminwerte im Urin auch reduzieren, wenn eine Low-FODMAP-Ernährung durchgeführt wird. Dies liegt wahrscheinlich daran, dass eine Reduktion der FODMAPs auch die entzündlichen Prozesse sowie Symptome wie Hautrötungen herunterregulieren kann.

Histaminarme Ernährung und Low FODMAP
Eine Low-FODMAP-Ernährung sollte nicht dauerhaft mit einer histaminarmen Ernährung kombiniert werden, weil dann eine ausgewogene Ernährung und ausreichende Nährstoffversorgung nicht mehr sichergestellt werden kann.

Morbus Crohn und Colitis ulcerosa

Chronisch-entzündliche Darmerkrankungen (CED) wie Morbus Crohn und Colitis ulcerosa sind Entzündungen von Dünn- und Dickdarm. Diese Darmentzündungen gehören, insbesondere wenn sie schwer verlaufen, unbedingt in die Hände eines guten Arztes und werden mit Medikamenten behandelt. Bei manchen Menschen mit CED bestehen weiterhin Verdauungsbeschwerden, obwohl die Darmentzündungen mit Medikamenten gut behandelt werden und sowohl die Darmentzündung als auch die Entzündungswerte im Blut unter Kontrolle sind. In diesem Fall spricht man von funktionellen Darmbeschwerden bei einer chronisch-entzündlichen Darmerkrankung.

!

Etwa 320.000 Menschen in Deutschland leiden an einer chronisch-entzündlichen Darmerkrankung.

Solche funktionellen Darmbeschwerden sind bei Patienten mit einer gut behandelten, chronisch-entzündlichen Darmerkrankung zwei- bis dreimal so häufig wie in der Normalbevölkerung. Wenn keine anderen Ursachen vorliegen, werden sie wie das Reizdarmsyndrom behandelt. Daher ist in diesem Fall der Versuch einer FODMAP-Diät vielversprechend und auch gut belegt.

LOW-FODMAP-ERNÄHRUNG – JETZT WIRD'S PRAKTISCH!

Sie ahnen es schon: Das FODMAP-Konzept ist keine Dauerernährung. Bei der FODMAP-reduzierten Ernährung geht es darum, innerhalb eines begrenzten Zeitraums zu ermitteln, welche Lebensmittel Sie in welchen Mengen vertragen, um möglichst beschwerdefrei zu bleiben und trotzdem abwechslungsreich und gesund zu essen. Wie das funktioniert, erfahren Sie in diesem Kapitel.

Bevor es losgeht

!

Da es sich um ein relativ junges Konzept handelt, werden sich in Zukunft noch Änderungen ergeben.

Das FODMAP-Konzept ist keine Lifestyle-Ernährung, sondern ein medizinisches Ernährungskonzept, das Beschwerden im Magen-Darm-Bereich reduzieren hilft. Die Wirksamkeit dieser therapeutischen Ernährung ist durch wissenschaftliche Studien belegt und wird insbesondere Menschen mit einem Reizdarm empfohlen. Eine sorgfältige ärztliche Abklärung und Ernährungsanamnese vor Beginn der Ernährungsumstellung ist in jedem Fall wichtig. Sprechen Sie daher vor einer Umstellung unbedingt mit Ihrem Arzt oder einem Ernährungstherapeuten.

Die Umstellung in drei Phasen

Das FODMAP-Konzept beruht darauf, die kurzkettigen Kohlenhydrate auf ein tolerierbares Minimum zu reduzieren, das bedeutet für Sie: so wenige wie nötig, so viele wie möglich. Dabei werden die FODMAPs in einer ersten Restriktionsphase strikt reduziert, um eine Symptomverbesserung herbeizuführen. Danach erfolgt die schrittweise Einführung einzelner FODMAP-haltiger Lebensmittel bis zur individuellen Toleranzmenge. Die dritte Phase stellt die Langzeiternährung in Form einer individuellen FODMAP-reduzierten Ernährung dar.

Die drei Phasen der Ernährungsumstellung dienen dazu, herauszufinden, welche FODMAP-haltigen Lebensmittel Sie in welcher Menge vertragen. Dabei ist wichtig, dass Sie deren FODMAP-Gehalt kennen, denn in Phase 1 sollten Sie nur Low-FODMAPs zu sich nehmen! In Phase 2 kann es dann sinnvoll sein, das Austesten zunächst mit Lebensmitteln mit mittlerem FODMAP-Gehalt (Middle FODMAPs) zu beginnen und sich dann zu den High-FODMAP-Lebensmitteln vorzuarbeiten.

Phase 1 – die Eliminationsphase

In der ersten Phase werden für sechs bis acht Wochen konsequent alle FODMAP-reichen Lebensmittel gemieden, bis die Beschwerden stark nachlassen oder sogar ganz verschwinden. Das bedeutet: Sie essen nur Low-FODMAPs. Führen Sie in dieser Zeit am besten ein Beschwerdetagebuch und halten Sie die Veränderungen, die sich durch die Ernährungsumstellung bemerkbar machen, jeden Tag schriftlich fest. Das wird Sie auch zum Durchhalten motivieren, wenn klar wird, wann und wodurch bisher belastende Beschwerden plötzlich nachlassen. Laktosehaltige Produkte wie Milch können übrigens durch laktosefreie Produkte ersetzt werden.

Grundsätzlich ist es zwar möglich, dauerhaft in dieser Phase zu bleiben, diese Option sollte aber die Ausnahme bleiben.

!

Relativ schnell werden Sie feststellen, dass Ihr Darm sich erholt, Blähungen und Durchfall weniger werden oder ganz verschwinden.

Bei Verdacht auf Zöliakie
Da die Ursachen von Unverträglichkeiten vielfältig und zum Teil auch miteinander verknüpft sind, kann es bei einem Verdacht auf Zöliakie oder Glutensensitivität sinnvoll sein, während Phase 1 auch auf Gluten zu verzichten. Grundsätzlich zählt Gluten aber nicht zu den FODMAPs. Besser wäre es also, wenn Sie zunächst eine Zöliakie bzw. Glutensensitivität ausschließen und erst dann mit Phase 1 starten würden. Andernfalls müssten Sie beispielsweise bei Haferprodukten immer auch auf den Zusatz „glutenfrei" achten.

Ziele der ersten Phase:

- Diagnostische Elimination: Für sechs bis acht Wochen werden alle FODMAP-reichen Nahrungsmittel gemieden und es wird eine FODMAP-arme Ernährung durchgeführt.
- Die erste Phase dient dazu herauszufinden, ob Ihre Beschwerden nachlassen und sich Ihr Wohlbefinden verbessert.
- Nach der ersten Phase wissen Sie: Hilft mir eine FODMAP-Einschränkung?

Low-FODMAP-Lebensmittel, die Sie in Phase 1 essen können:

FRÜCHTE	Aprikose, Brombeere, Honigmelone, Klementine, Limette, Mandarine, Pfirsich, unreife Banane, Rhabarber, Sternfrucht
GEMÜSE	Artischocke, Aubergine, Bambussprossen, Bärlauch, Blattsalate, Blumenkohl, Brokkoli, Champignons, Chinakohl, Endivien, Erbsen, Fenchel, Gurke, Karotte, Kartoffel, Kohlrabi, Kürbis, Paprika grün, Porree, Radieschen, Rosenkohl, Rote Bete, Rotkohl, Rucola, Sauerkraut, Sellerie, Sojasprossen, Spargel, Spinat, Süßkartoffel, Tomate, Weißkohl, Wirsing, Zucchini, Zuckermais
GETREIDE, KEIMLINGE, GETREIDEERSATZ	Bulgur, Buchweizen, glutenfreie Teigwaren, Haferkörner, Hirseflocken, Kartoffelstärke, Kresse, Mais, Maismehl, Maronen, Miso-Paste, Polenta, Quinoa, Reis, Tapiokastärke
GEWÜRZE, WÜRZSAUCEN, KRÄUTER	Bärlauch, Chili, glutenfreie Sojasauce, Kümmel, Low-FODMAP-Gemüsebrühe (Seite 132), Mohn, Muskat, Petersilie, Salz, Schnittlauch, Senf, Senfkörner, Sesam, Wacholderbeeren
MILCH, MILCHPRODUKTE	Butter, laktosefreie Milch- und Milchprodukte, laktosefreier Joghurt und Quark
WEITERE TIERISCHE EIWEISSE	Camembert, Feta, Parmesan, Ricotta, Schnittkäse, Weichkäse, naturbelassener/nicht frittierter oder panierter Fisch, naturbelassenes/nicht frittiertes oder paniertes Fleisch, Hühnerei
PFLANZLICHE EIWEISSE	aus Cashewnüssen, Erdnüssen, Haselnüssen, Haselnussmilch, Kokos, Kokosmilch, Kokosraspeln, Mandeln, Mandeldrink, Oliven, Pekanüssen, Pinienkerne, Pistazien, Quinoamilch, Sesam, Sesampaste, Sojadrink natur, Sojajoghurt natur, Sonnenblumenkerne, Tofu, Tempeh, Walnüsse
ZUCKER, ZUCKERHALTIGES	Ahornsirup (ohne Maissirup/HFCS), Bitterschokolade, Reissirup, Sorbet aus Früchten mit niedrigem FODMAP-Gehalt (Beispiel: Blaubeersorbet, Papayasorbet), Traubenzucker, reines Stevia
SONSTIGES	Trockener Rotwein und Weißwein

Middle- und High-FODMAP-Lebensmittel, die für Phase 1 nicht geeignet sind:

FRÜCHTE	Ananas, Apfel, reife Banane, Birne, Dattel, Dosenobst, Erdbeere, Feige, Granatapfelkerne, Grapefruit, Heidelbeere, Himbeere, Johannisbeere, Kiwi, Kaki, Kirsche süß, Mango, Nektarine, Obstmischung (getrocknet), Orange, Papaya, Passionsfrucht, Pflaume, Rosine, Traube, Wassermelone, Zitrone
GEMÜSE	Avocados, grüne Bohnen, Kidneybohnen, Kichererbsen, Knoblauch, Lauchzwiebeln, Linsen, Mehle aus Hülsenfrüchten (Sojamehl, Lupinenmehl, Erbsenmehl), Ingwer, Nori-Alge (Rotalge, enthält auch Carrageen), Paprika rot, Pastinaken, Pilze, Schalotten, Schwarzwurzel, Spirulina-Alge, Topinambur, Zwiebeln, Zwiebelpulver
GETREIDE	Amarant, Couscous, Dinkel, Einkorn, Emmer, Grünkern, Kamut, Roggen, Weizen
GEWÜRZE, WÜRZSAUCEN, KRÄUTER	Anis, Balsamicoessig, Basilikum, Curry, Dill, Estragon, Fenchelsamen, herkömmliche Gemüsebrühe/Brühwürfel, Ingwer, Kardamom, Kerbel, Ketchup, Knoblauch, Koriander, Kurkuma, Lorbeerblätter, Majoran, Nelken, Oregano, Paprikapulver, Pfeffer, Pfefferminze, Rosmarin, Safran, Salbei, Thymian, Vanille, industriell hergestellte Würzsaucen, Zimt
MILCH, MILCHPRODUKTE	Buttermilch, Frischkäse, Joghurt, Magermilchpulver, Mascarpone, Milch (von Kuh, Ziege und Schaf), Milchzucker, Molke, Quark, Sahne
WEITERE TIERISCHE EIWEISSE	Hüttenkäse, fettreiches/frittiertes/paniertes Fleisch und Wurstwaren, verarbeiteter/frittierter/panierter Fisch
PFLANZLICHE EIWEISSE	Seidentofu, Seitan, Sojabohnen
ZUCKER, ZUCKERHALTIGES	Agavendicksaft, Birnendicksaft, Eiscreme, Fruchtzucker (Fruktose), Glukose-Fruktose-Sirup/Fruktose-Glukose-Sirup (industriell hergestellt), Haushaltszucker, Honig, Invertzucker, Kandiszucker, Kondensmilch, Lactit (E 966), Maltit (E 965), Mannit (E 421), Milchschokolade, Puderzucker, Sorbit (E 420), weiße Schokolade, Xylit (E 967), Zuckerrübensirup
SONSTIGES	Agar-Agar (E 406), Carrageen (E 407), Guarkernmehl (E 412), Kräutertee

Phase 2 – die Provokationsphase

> **!**
> In Phase 2 erhalten Sie wertvolle Informationen über Ihre Beschwerdeauslöser.

Nachdem Sie Phase 1 durchgeführt haben, bringen Sie im zweiten Schritt langsam die Nahrungsmittel mit höherem FODMAP-Anteil wieder in Ihre Ernährung ein. Beginnen Sie am besten mit den Middle-FODMAPs und gehen Sie dann über zu den High-FODMAPs. In dieser Provokationsphase wird gezielt ausprobiert, welche Nahrungsmittel(-gruppen) in welchen Mengen vertragen werden. Diese Phase hilft Ihnen, wertvolle Informationen über Ihre Beschwerdeauslöser zu gewinnen. Das in Phase 1 schon geführte Beschwerdetagebuch ist fortzusetzen und wird dabei wieder hilfreiche Informationen liefern.

Diese Erkenntnisse über Ihre persönliche Toleranz benötigen Sie, um Ihren dauerhaften Speiseplan zusammenzustellen. Das jeweilige FODMAP-Nahrungsmittel wird dabei einmal täglich drei bis vier Tage lang in steigender Menge gegessen, wobei die Verzehrsmenge nur bei Verträglichkeit am jeweils darauffolgenden Tag gesteigert werden darf. Diese Wiedereinführungsphase dauert individuell unterschiedlich lange. Entscheidend ist, dass *immer nur ein FODMAP* getestet wird.

Sobald es nach der Hinzunahme eines Nahrungsmittels zu Nebenwirkungen kommt, sollten Sie es sich als für Sie unverträgliches Lebensmittel notieren. Hier wird noch einmal klar: Vor allem in dieser Phase ist das Führen eines Essbeschwerdetagebuches äußerst sinnvoll. So können Sie nacheinander die für Sie unverträglichen Lebensmittel herausfinden. Bedenken Sie hierbei aber auch noch einmal, dass die Reaktionen auf ein bestimmtes Nahrungsmittel zeitversetzt zur Nahrungsaufnahme auftreten können. Auch deswegen ist es hilfreich, die einzelnen FODMAPs in Zusammenarbeit mit einem Ernährungsexperten und nicht auf eigene Faust zu testen.

Ziele der zweiten Phase:

- Sie testen gezielt, welche FODMAP-Nahrungsmittel Sie in welchen Mengen vertragen. In dieser Phase können viele Erkenntnisse in Bezug auf die persönlichen Beschwerdeauslöser und die individuelle FODMAP-Toleranz gewonnen werden.
- Nach der zweiten Phase wissen Sie, wie viele FODMAPs Sie vertragen und was Ihnen nicht bekommt.

Für die Phasen 1 und 2 gilt:
Listen mit Low-, Middle- und High-FOODMAPs, zum Beispiel nach dem Ampelprinzip in Rot, Gelb und Grün gekennzeichnet, ermöglichen Ihnen eine schnelle und unkomplizierte Orientierung. In Phase 1 sind demnach nur die grünen Lebensmittel erlaubt, in Phase 2 testen Sie aus, welche gelben und roten Lebensmittel Sie vertragen. Die Listen finden Sie ab Seite 41.

Phase 3 – die Integrationsphase

Nachdem Sie alle Middle- und High-FODMAPs getestet haben, werden nun in Phase 3 alle gutverträglichen wieder dauerhaft in Ihre Ernährung integriert. Denn pauschal alle FODMAPs langfristig zu meiden, ist – zumindest aus ernährungsphysiologischer Sicht – nicht sinnvoll. Wichtige, gesundheitsfördernde Lebensmittel wie Gemüse und Obst generell und dauerhaft aus der Ernährung zu verbannen, wenn dies aus gesundheitlicher Sicht nicht notwendig ist, begünstigt eher eine Mangelernährung.

Ziele der dritten Phase:

- Individuelle Langzeiternährung: Ziel ist, mit möglichst wenigen Nahrungseinschränkungen die Beschwerden wirksam zu kontrollieren. Die Ernährung soll außerdem gesund und ausgewogen sein, da dies für Ihre Gesundheit und den Darm besonders wichtig ist.

- Nach der dritten Phase wissen Sie, was Sie weglassen müssen, weil es bei Ihnen Beschwerden verursacht, und wie Sie ausgewogen essen.

Prä- und Probiotika: unterstützende Darmtherapie

Probiotika

Oft werde ich in der Praxis gefragt, was man noch tun kann, um die Selbstregeneration des Organismus optimal zu unterstützen. Ich möchte Ihnen dazu noch die Möglichkeit einer begleitenden Darmtherapie mit Probiotika ans Herz legen. Das sind Lebensmittel, die lebensfähige Organismen enthalten, wie Bakterien oder Hefen. Im Handel gibt es eine Vielzahl an Nahrungsergänzungsmitteln, die gezielt eingesetzt werden können, und im Rahmen einer Anamnese kann Ihr Ernährungsberater Ihnen ein sinnvolles Produkt empfehlen.

Probiotika können zum Beispiel helfen, wieder eine gesunde Darmflora aufzubauen, wenn sie in ausreichender Menge zugeführt werden. Denn sie produzieren etwa Milchsäure oder andere Substanzen und können sich im Darm vermehren. Gut bekannte Beispiele für Probiotka sind Laktobazillen und Bifidobakterien, die auch in einer gesunden Darmflora vorkommen.

Präbiotika

> !
>
> Präbiotika können Sie am besten in Phase 3 integrieren.

Präbiotika sind im Unterschied zu den Probiotika Futter für die guten Darmbakterien. Gleichzeitig reduzieren sie das Wachstum potenziell schädlicher Bakterien. Präbiotika sind also keine lebenden Organismen wie die Probiotika, sondern im weitesten Sinne Ballaststoffe. Viele dieser Ballaststoffe enthalten auch FODMAPs, zum Beispiel Inulin oder Fruktose-Oligosaccharide. Präbiotika sollten daher erst in Phase 3 der Low-FODMAP-Ernährung gezielt eingesetzt werden. In der Therapie habe ich gute Erfolge mit Akazienfaserpulver als lösliche Ballaststoffe gemacht, diese sind gluten-, laktose- und fruktosefrei.

Ergänzende Heilkräuter

In der naturheilkundlichen Therapie hat sich darüber hinaus der Einsatz einer Kombination aus Myrrhe, Kaffeekohle und Kamille, die Sie in der Apotheke bekommen, zur begleitenden symptomatischen Behandlung bewährt. Ebenso entzündungshemmende Schleimhauttherapeutika wie Colibiogen zur Regeneration der Darmschleimhaut. Die Kombination der Wirkstoffe zeigt eine entzündungshemmende, wundheilungsfördernde, krampflösende und immunregulierende Wirkung.

Myrrhe zählt zu den ältesten Heilmitteln der Welt. Sie enthält ätherische Öle und wurde daher bereits in der Antike zur Behandlung von Darmerkrankungen verwendet. Myrrhe kann zur Entspannung der Darmmuskulatur beitragen, so die Zahl der Kontraktionen herabsetzen und damit Krämpfe lindern. Die Heilpflanze kann außerdem das Wachstum von Pilzen hemmen, welche oftmals bei einer gestörten Darmflora in großer Menge vorliegen. Kaffeekohle wirkt ebenfalls gegen Pilze und Bakterien und hat aufgrund ihrer großen Oberfläche einen absorbierenden Effekt auf Schadstoffe. Das heißt, Gase und Giftstoffe werden gebunden und können ausgeschieden werden. Die Kamille zählt bekanntermaßen zu den am weitesten verbreiteten Heilpflanzen. Auch sie enthält ätherische Öle, die die Wirkung von Bakteriengiften teilweise aufheben können. Kamille unterstützt auf diese Weise die krampflösende Wirkung der Myrrhe und wirkt zudem entzündungshemmend.

!

Myrrhe zählt zu den ältesten Heilmitteln der Welt und wurde bereits in der Antike zur Behandlung von Darmerkrankungen verwendet.

FODMAP-Gehalt: Lebensmittel im Detail

Die Tabellen auf den folgenden Seiten zeigen Ihnen ganz genau, welches FODMAP Sie in einem Lebensmittel nicht vertragen.

Die folgenden Listen zeigen Ihnen, welche FODMAPs in welcher Menge in den genannten Lebensmitteln (pro 100 Gramm) enthalten sind. Durch die Farben Rot, Gelb und Grün können Sie sich ganz einfach orientieren: Dieses Ampelsystem erlaubt Ihnen jederzeit das rasche Nachschlagen nach High-, Middle- und Low-FODMAPs. Sie können diese Liste sowohl in Phase 1, wenn es darum geht, nur grüne Lebensmittel zu essen, als auch in Phase 2 zum Testen verwenden.

Die Angabe der einzelnen FODMAP-Werte ermöglicht es Ihnen, ganz gezielt nachzuschauen, welches FODMAP in einem Lebensmittel Sie nicht vertragen.

Früchte

100 g Lebensmittel	Summe FODMAPs in g	Oligo-saccharide in mg	Galaktose in g	Laktose in g	Fruktose in g	Polyole			
						Summe in mg	Sorbitol in mg	Mannitol in mg	Xylitol in mg
HIGH FODMAPs – mehr als 5 g									
Apfel	6,25	0	0	0	5,74	514	514	0	0
Avocado	5	0	0	0	0	5000	5000	0	0
Birne	8,92	0	0	0	6,75	2170	2170	0	0
Dattel	31,33	0	0	0	31,33	0	0	0	0
Feige	5,81	0	0	0	5,81	0	0	0	0
Granatapfelkerne	7,37	0	0	0	7,37	0	0	0	0
Kaki	8,34	0	0	0	8,34	0	0	0	0
Kirsche, süß	8,12	0	0	0	6,32	1800	1890	0	0
Obstmischung, getrocknet	15,86	0,1	0	0	14,17	1686	1686	0	0
Rosine	33,66	0	0	0	32,77	892	892	0	0
Traube	7,83	0	0	0	7,63	203	203	0	0
MIDDLE FODMAPs – 2 bis 5 g									
Ananas	2,59	0	0	0	2,59	0	0	0	0
reife Banane	3,64	0	0	0	3,64	0	0	0	0
Erdbeere	2,34	0	0	0	2,28	61	33	0	28
Grapefruit	2,53	0	0	0	2,53	0	0	0	0
Heidelbeere	4,08	0	0	0	4,07	14	7	0	7
Himbeere	2,06	0	0	0	2,04	15	10	0	5
Johannisbeere	3,80	0	0	0	3,80	0	0	0	0
Kiwi	4,41	0	0	0	4,41	0	0	0	0
Limette	0,57	7	0	0	0,56	0	0	0	0
Mango	2,73	0	0	0	2,73	0	0	0	0
Nektarine	2,56	0	0	0	1,79	765	765	0	0
Orange	2,53	0	0	0	2,53	0	0	0	0

▶▶

Früchte

100 g Lebensmittel	Summe FODMAPs in g	Oligo-saccharide in mg	Galaktose in g	Laktose in g	Fruktose in g	Polyole			
						Summe in mg	Sorbitol in mg	Mannitol in mg	Xylitol in mg
Papaya	2,44	0	0	0	2,44	0	0	0	0
Passionsfrucht	3,96	0	0	0	3,96	0	0	0	0
Pflaume	3,44	0	0	0	2,02	1418	1418	0	0
Wassermelone	3,92	0	0	0	3,92	0	0	0	0
Zitrone	3,45	0	0	0	3,45	0	0	0	0
LOW FODMAPs – 0 bis 2 g									
Aprikose	1,67	0	0	0	0,87	800	800	0	0
Brombeere	1,35	0	0	0	1,35	0	0	0	0
Honigmelone	1,30	0	0	0	1,30	0	0	0	0
Klementine	1,69	0	0	0	1,69	0	0	0	0
Mandarine	1,30	0	0	0	1,30	0	0	0	0
Pfirsich	1,95	0	0	0	1,24	706	706	0	0
Rhabarber	0,39	0	0	0	0,39	0	0	0	0
Sternfrucht	1,20	0	0	0	1,20	0	0	0	0

Gemüse

100 g Lebensmittel	Summe FODMAPs in g	Oligo-saccharide in mg	Galaktose in g	Laktose in g	Fruktose in g	Polyole			
						Summe in mg	Sorbitol in mg	Mannitol in mg	Xylitol in mg
HIGH FODMAPs – mehr als 5 g									
Kichererbsen, gekocht	11,17	11000	0	0	0,17	0	0	0	0
Nori-Alge (Rotalge)	14,59	0	0	0	14,59	0	0	0	0
Pastinake, frisch gegart	9,19	9112	0	0	0,08	0	0	0	0
Spirulina	8,16	0	0	0	8,16	0	0	0	0
MIDDLE FODMAPs – 2 bis 5 g									
grüne Bohne, frisch gegart	2,92	2365	0	0	0,55	0	0	0	0
Ingwer, frisch	3,6	0	0	0	3,6	0	0	0	0
Kidneybohne, Konserve abgetropft	2,93	2933	0	0	0	0	0	0	0
Knoblauch, roh	4,35	3749	0	0	0,60	0	0	0	0
Lauchzwiebel, gekocht	3,83	1959	0	0	1,87	0	0	0	0
Linsen, gegart	2,83	2827	0	0	0	0	0	0	0
Paprika, rot	4	0	0,26	0	3,74	0	0	0	0
Schwarzwurzel, gegart	3,67	3624	0	0	0,03	18	0	18	0
Topinambur, frisch	2,92	2880	0	0	0,04	0	0	0	0
Zwiebel, gegart	2,13	967	0	0	1,16	0	0	0	0

▶▶

Gemüse

100 g Lebensmittel	Summe FODMAPs in g	Oligo-saccharide in mg	Galaktose in g	Laktose in g	Fruktose in g	Polyole			
						Summe in mg	Sorbitol in mg	Mannitol in mg	Xylitol in mg
LOW FODMAPs – 0 bis 2 g									
Artischocke, gegart	1,17	0	0	0	1,17	0	0	0	0
Aubergine, gegart	1,12	0	0	0	1,12	0	0	0	0
Bambussprosse, gegart	0,21	360	0	0	0,17	0	0	0	0
Bärlauch, roh	0,85	0,68	0	0	0,84	0	0	0	0
Blattsalate	1,12	0	0	0	1,12	0	0	0	0
Blumenkohl, gegart	0,66	0	0	0	0,64	16	0	0	16
Brokkoli, gegart	0,67	0	0	0	0,67	0	0	0	0
Champignon, frisch	0,48	0	0	0	0,03	448	0	448	0
Chinakohl, gegart	0,32	0	0	0	0,32	0	0	0	0
Endivie, frisch	0,05	0	0	0	0,05	0	0	0	0
Erbsen grün, tiefgefroren und gegart	0,85	620	0	0	0,25	0	0	0	0
Fenchel, gegart	0,89	0	0	0	0,89	0	0	0	0
Gurke, frisch	0,93	0	0	0	0,88	54	0	54	0
Karotte, roh	1,46	0	0	0	1,32	144	0	144	0
Kartoffel, gegart	0,42	0	0	0	0,42	0	0	0	0
Kohlrabi, gegart	0,83	0	0	0	0,83	0	0	0	0
Kürbis, gegart	1,61	0	0	0	1,56	46	0	28	18
Paprika, grün	1,19	0	0	0	1,19	0	0	0	0
Porree	1,98	720	0	0	1,16	96	0	96	0
Radieschen, frisch	0,64	0	0	0	0,64	0	0	0	0

Gemüse

100 g Lebensmittel	Summe FODMAPs in g	Oligo-saccharide in mg	Galaktose in g	Laktose in g	Fruktose in g	Polyole			
						Summe in mg	Sorbitol in mg	Mannitol in mg	Xylitol in mg
Rosenkohl, gegart	0,58	0	0	0	0,58	0	0	0	0
Rote Bete, gegart	0,24	0	0	0	0,24	0	0	0	0
Rotkohl, gegart	1,28	0	0	0	1,28	0	0	0	0
Rucola, roh	0,50	0	0	0	0,50	0	0	0	0
Sauerkraut, ohne Saft	0,27	0	0	0	0,27	0	0	0	0
Sellerie, gegart	0,06	0	0	0	0,06	0	0	0	0
Sojasprossen, gegart	0,84	0	0	0	0,84	0	0	0	0
Spargel, weiß gegart	0,91	0	0	0	0,91	0	0	0	0
Spinat, gegart	0,09	0	0	0	0,09	0	0	0	0
Süßkartoffel	0,36	0	0	0	0,36	0	0	0	0
Tomate, roh	1,36	0	0	0	1,36	0	0	0	0
Weißkohl, gegart	1,36	0	0	0	1,36	0	0	0	0
Wirsing, gegart	0,61	0	0	0	0,61	0	0	0	0
Zucchini, gegart	0,72	0	0	0	0,70	20	0	12	8
Zuckermais, gegart	0,70	379	0	0	0,16	157	0	157	0

Getreide

100 g Lebensmittel	Summe FODMAPs in g	Oligo-saccharide in mg	Galaktose in g	Laktose in g	Fruktose in g	Polyole			
						Summe in mg	Sorbitol in mg	Mannitol in mg	Xylitol in mg
HIGH FODMAPs – mehr als 5 g									
Roggen	4,4	2600	0	0	0	0	0	0	0
Sojamehl	9	9000	0	0	0	0	0	0	0
MIDDLE FODMAPs – 1 bis 2 g									
Amarant/ Grünkern	1,1	1023	0	0	0	0	0	0	0
Couscous	1,12	1100	0	0	0,23	0	0	0	0
Dinkelkörner	1,3	1300	0	0	0,06	0	0	0	0
Einkorn/ Emmer	1,2	1200	0	0	0	0	0	0	0
Weizen/ Kamut	1,4	334	0	0	0,07	0	0	0	0
LOW FODMAPs – 0 bis 1 g									
Buchweizen	0,07	0	0	0	0,07	0	0	0	0
Bulgur	0,48	413	0	0	0,07	0	0	0	0
Haferkörner, roh	0,85	848	0	0	0	0	0	0	0
Hirseflocken	0,7	700	0	0	0	0	0	0	0
Kartoffelstärke	0	0	0	0	0	0	0	0	0
Mais	0,29	230	0	0	0,06	0	0	0	0
Maismehl	0,36	291	0	0	0,07	0	0	0	0
Marone	0	0	0	0	0	0	0	0	0
Polenta	0,11	75	0	0	0,04	0	0	0	0
Quinoa, gekocht	0,38	380	0	0	0	0	0	0	0
Reis	0,08	0	0	0	0,08	0	0	0	0
Tapioka	0	0	0	0	0	0	0	0	0
Teigwaren, glutenfrei	0	0	0	0	0	0	0	0	0
Wildreis	0,08	0	0	0	0,08	0	0	0	0

Gewürze

100 g Lebensmittel	Summe FODMAPs in g	Oligo-saccharide in mg	Galaktose in g	Laktose in g	Fruktose in g	Polyole			
						Summe in mg	Sorbitol in mg	Mannitol in mg	Xylitol in mg
HIGH FODMAPs – mehr als 5 g									
Anis	14,51	0	0	0	14,51	0	0	0	0
Balsamicoessig	10,5	0	0	0	10,50	0	0	0	0
Brühwürfel	9,55	9000	0	0	0,55	0	0	0	0
Curry	18,33	762	0	0	17,57	0	0	0	0
Dill, frisch	16,88	0	0	0	16,88	0	0	0	0
Fenchelsamen	15,04	0	0	0	15,04	0	0	0	0
Gemüsebrühe, industriell	Variiert sehr stark, je nach Hersteller.								
Kardamom	23,45	0	0	0	23,45	0	0	0	0
Kerbel-Pulver	11,73	0	0	0	11,73	0	0	0	0
Ketchup	12,00	0	0	0	12,00	0	0	0	0
Knoblauch	57,78	49826	0	0	7,98	0	0	0	0
Koriander	10,62	0	0	0	10,62	0	0	0	0
Kurkuma	23,28	0	0	0	23,28	0	0	0	0
Lorbeerblätter	19,44	0	0	0	19,44	0	0	0	0
Majoran	17,00	0	0	0	17,00	0	0	0	0
Nelken	20,80	0	0	0	20,80	0	0	0	0
Paprikapulver	12,57	0	0	0	12,57	0	0	0	0
Pfeffer, schwarz	21,32	0	0	0	21,32	0	0	0	0
Safran	24,60	0	0	0	24,60	0	0	0	0
Vanille	22,40	0		0	22,40	0	0	0	0
Zimt	22,40	0	0	0	22,40	0	0	0	0
Zwiebelpulver	22,57	10267	0	0	12,30	0	0	0	0

Gewürze

100 g Lebensmittel	Summe FODMAPs in g	Oligo-saccharide in mg	Galaktose in g	Laktose in g	Fruktose in g	Polyole			
						Summe in mg	Sorbitol in mg	Mannitol in mg	Xylitol in mg
MIDDLE FODMAPs – 2 bis 5 g									
Basilikum, frisch	2,04	0	0	0	2,04	0	0	0	0
Estragon, frisch	2,52	0	0	0	2,52	0	0	0	0
Ingwer	3,60	0	0	0	3,60	0	0	0	0
Oregano	3,88	0	0	0	3,88	0	0	0	0
Pfefferminze	2,12	0	0	0	2,12	0	0	0	0
Rosmarin	3,06	0	0	0	3,06	0	0	0	0
Salbei, frisch	2,76	0	0	0	2,76	0	0	0	0
Thymian, frisch	2,94	0	0	0	2,94	0	0	0	0
Würzsaucen	3,33	0	0	0	3,33	2	1	1	0
LOW FODMAPs – 0 bis 2 g									
Bärlauch	1,48	0,64	0	0	0,84	0	0	0	0
Chili, rot frisch	1,72	0	0	0	1,72	0	0	0	0
Kresse	0,62	0	0	0	0,62	0	0	0	0
Kümmel	0	0	0	0	0	0	0	0	0
Misopaste	0	0	0	0	0	0	0	0	0
Mohn	0	0	0	0	0	0	0	0	0
Muskat	0	0	0	0	0	0	0	0	0
Petersilie	1,85	0	0	0	1,85	0	0	0	0
Salz	0	0	0	0	0	0	0	0	0
Schnittlauch	0,64	0	0	0	0,64	0	0	0	0
Senf, mittelscharf	0,42	0	0	0	0,42	0	0	0	0
Senfkörner	0	0	0	0	0	0	0	0	0
Sesam	0	0	0	0	0	0	0	0	0
Sojasauce, glutenfrei	0,15	0,002	0	0	0,15	0	0	0	0
Wacholderbeeren	0	0	0	0	0	0	0	0	0

Milch und Milchprodukte

100 g Lebensmittel	Summe FODMAPs in g	Oligo-saccharide in mg	Galaktose in g	Laktose in g	Fruktose in g	Polyole			
						Summe in mg	Sorbitol in mg	Mannitol in mg	Xylitol in mg
HIGH FODMAPs – mehr als 5 g									
Frischkäse	7,20	0	0	7,20	0	0	0	0	0
Magermilchpul-ver	51,50	0	0	51,50	0	0	0	0	0
Milchzucker	99,84	40	0	99,80	0	0	0	0	0
MIDDLE FODMAPs – 2 bis 5 g									
Buttermilch	4,01	0	0	4,01	0	0	0	0	0
Hüttenkäse	2,60	0	0	2,60	0	0	0	0	0
Joghurt	3,96	0	1	2,96	0	0	0	0	0
Mascarpone	2,50	0	0	2,50	0	0	0	0	0
Milch von Kuh, Ziege, Schaf	4,76	0	0	4,76	0	0	0	0	0
Molke	4,70	0	0	4,70	0	0	0	0	0
Quark	4,03	0	0	4,03	0	0	0	0	0
Sahne	3,30	0	0	3,30	0	0	0	0	0
LOW FODMAPs – 0 bis 2 g									
Butter	0,60	0	0	0,60	0	0	0	0	0
Camembert	0	0	0	0	0	0	0	0	0
Feta	0	0	0	0	0	0	0	0	0
laktosefreie Milch	0	0		0	0	0	0	0	0
laktosefreier Joghurt	0	0		0	0	0	0	0	0
Parmesan	0	0	0	0	0	0	0	0	0
Ricotta	0,50	0	0	0,50	0	0	0	0	0
Schnittkäse	0	0	0	0	0	0	0	0	0
Weichkäse	0	0	0	0	0	0	0	0	0

Weitere tierische Eiweiße

100 g Lebensmittel	Summe FODMAPs in g	Oligo-saccharide in mg	Galaktose in g	Laktose in g	Fruktose in g	Polyole			
						Summe in mg	Sorbitol in mg	Mannitol in mg	Xylitol in mg
HIGH FODMAPs – mehr als 5 g									
–									
MIDDLE FODMAPs – 2 bis 5 g									
–									
LOW FODMAPs – 0 bis 2 g									
Fisch	0	0	0	0	0	0	0	0	0
Fleisch	0	0	0	0	0	0	0	0	0
Hühnerei, frisch	0	0	0	0	0	0	0	0	0

Pflanzliche Eiweiße

100 g Lebensmittel	Summe FODMAPs in g	Oligo-saccharide in mg	Galaktose in g	Laktose in g	Fruktose in g	Polyole			
						Summe in mg	Sorbitol in mg	Mannitol in mg	Xylitol in mg
HIGH FODMAPs – mehr als 5 g									
–									
MIDDLE FODMAPs – 2 bis 5 g									
Seidentofu	6	6000	0	0	0	0	0	0	0
Sojabohnen	3,90	2080	0	0	1,82	0	0	0	0
LOW FODMAPs – 0 bis 2 g									
Cashewnüsse	0	0	0	0	0	0	0	0	0
Erdnüsse, geröstet	0	0	0	0	0	0	0	0	0
Haselnüsse	0	0	0	0	0	0	0	0	0
Haselnussdrink, natur	0	0	0	0	0	0	0	0	0
Kokosnuss, frisch	0	0	0	0	0	0	0	0	0
Kokosmilch	0,65	0	0	0	0,65	0	0	0	0

Pflanzliche Eiweiße

100 g Lebensmittel	Summe FODMAPs in g	Oligo-saccharide in mg	Galaktose in g	Laktose in g	Fruktose in g	Polyole			
						Summe in mg	Sorbitol in mg	Mannitol in mg	Xylitol in mg
Kokosraspel	0,68	0	0	0	0	680	680	0	0
Mandeln	0,31	0	0	0	0,31	0	0	0	0
Mandeldrink, natur	0,03	0	0	0	0,031	0	0	0	0
Oliven, grün frisch	0,02	0	0	0	0,02	0	0	0	0
Pekannüsse, geröstet	0	0	0	0	0	0	0	0	0
Pinienkerne	0	0	0	0	0	0	0	0	0
Pistazien, geröstet	0	0	0	0	0	0	0	0	0
Quinoadrink, natur	0,076	76	0	0	0	0	0	0	0
Seitan (Gluten!)	0,01	28	0	0	0,01	0	0	0	0
Sesam	0	0	0	0	0	0	0	0	0
Sesampaste, Tahini	0	0	0	0	0	0	0	0	0
Sonnenblumen-kerne	0	0	0	0	0	0	0	0	0
Sojadrink, natur	0	0	0	0	0	0	0	0	0
Tofu	0	0	0	0	0	0	0	0	0
Tempeh	0,9	900	0	0	0	0	0	0	0
Walnüsse	0	0	0	0	0	0	0	0	0

Zucker und Zuckerhaltiges

100 g Lebensmittel	Summe FODMAPs in g	Oligo-saccharide in mg	Galaktose in g	Laktose in g	Fruktose in g	Polyole			
						Summe in mg	Sorbitol in mg	Mannitol in mg	Xylitol in mg
HIGH FODMAPs – mehr als 5 g									
Agaven-dicksaft	70–80	0	0	0	70–80	0	0	0	0
Birnen-dicksaft	7,43	27	0	0	7	402	402	0	0
Eiscreme	3,89	11	0	3,88	0	0	0	0	0
Fruchtzucker (Fruktose)	9,99	40	0	0	9,98	0	0	0	0
Glukosesirup	5–49	0	0	0	5–49	0	0	0	0
Haushalts-zucker	45,44	40		0	45,40	0	0	0	0
Honig	38	1,47	0	0	38	0	0	0	0
Invertzucker	45,95	40	0	0	45,91	0	0	0	0
Kandiszucker	45,44	40	0	0	45,40	0	0	0	0
Lactit	99	0	0	0	0	99000	0	0	0
Maltit	99	0	0	0	0	99000	0	0	0
Mannitol	99	0	0	0	0	99000	0	99000	0
Xylit	99	0	0	0	0	99000	0	0	99000
Sorbit	99	0	0	0	0	99000	99000	0	0
Milch-schokolade	54,08	0	0	9,50	44,58	0	0	0	0
Puderzucker	45,44	40	0	0	45,40	0	0	0	0
weiße Schokolade	7,60	22	0	7,60	0	0	0	0	0
Zuckerrübensirup	16	0		0	16	0	0	0	0
MIDDLE FODMAPs – 2 bis 5 g									
Kondensmilch	2,50	0	0	2,50	0	0	0	0	0

Zucker und Zuckerhaltiges

100 g Lebensmittel	Summe FODMAPs in g	Oligo-saccharide in mg	Galaktose in g	Laktose in g	Fruktose in g	Polyole			
						Summe in mg	Sorbitol in mg	Mannitol in mg	Xylitol in mg
LOW FODMAPs – 0 bis 2 g									
Ahornsirup (ohne Maissirup/HFCS)	0	0	0	0	0	0	0	0	0
Bitterschokolade	0,016	16	0	0	0	0	0	0	0
Reissirup	0,1	0	0	0	0,1	0	0	0	0
Stevia (rein)	0	0	0	0	0	0	0	0	0
Traubenzucker	0,04	40	0	0	0	0	0	0	0

Sonstiges

100 g Lebensmittel	Summe FODMAPs in g	Oligo-saccharide in mg	Galaktose in g	Laktose in g	Fruktose in g	Polyole			
						Summe in mg	Sorbitol in mg	Mannitol in mg	Xylitol in mg
HIGH FODMAPs – mehr als 5 g									
Agar-Agar E 406	14,20	0	0	0	14,20	0	0	0	0
Guarkernmehl E 412	35	0	35	0	0	0	0	0	0
Kräutertee, getrocknet	29,48				29,48				
MIDDLE FODMAPs – 2 bis 5 g									
–									
LOW FODMAPs – 0 bis 2 g									
Rotwein trocken	0,97	0	0	0	0,95	17	10	7	0
Weißwein trocken	0,09	0	0	0	0,04	5	5	0	0

Allgemeine Tipps für die Küche

Die folgenden Tipps habe ich auf Basis der Erfahrungen aus meinen Kochkursen zum Thema Low-FODMAP-Ernährung und aus der Arbeit mit meinen Klienten zusammengestellt. Der Einsatz von Gewürzen, Saucen, Würzpasten und Süßungsmitteln stellt immer wieder eine Herausforderung dar, die sich mit ein wenig Vorbereitung aber leicht meistern lässt.

Knoblauch ersetzen

… durch Asant

!

Asant ist ein guter Knoblauchersatz.

In Knoblauch, wie auch in Zwiebeln und Lauch, stecken Fruktane. Sie können Verursacher etwa von Blähungen bis hin zu schmerzhaften Koliken sein, weswegen sie in Phase 1 der Low-FODMAP-Ernährung von Ihrem Speiseplan gestrichen werden. Als Alternative können Sie sehr gut mit Asant arbeiten. Asafoetida ist der getrocknete Milchsaft aus der Wurzel der fenchelartigen Pflanze Stinkasant aus der Familie der Doldenblütler. Weil der Milchsaft dieser Pflanze sehr stark nach Schwefel und Knoblauch riecht, wird sie auch Teufelspflanze genannt. Bei der Verwendung in der Küche überzeugt die Pflanze dennoch, da der Geruch dem von Zwiebel und Knoblauch stark ähnelt – dieser beim Kochen aber verfliegt. Reinen Asant verwendet man allerdings nur zum Räuchern.

In der traditionellen indischen Küche werden beispielsweise Gemüse sowie Chutneys, Fisch und Saucen mit Asant gewürzt. Mein Tipp: Zum Würzen Asant mit anderen Zutaten wie Bockshornkleesamen mischen. Der Gehalt des Asants in fertigen Mischungen variiert zwischen 10 bis 30 Prozent. Weil der Geschmack des Asants sehr dominant ist, sollte er behutsam eingesetzt werden. Eine Messerspitze bis zu einem halben Teelöffel reicht völlig, um eine Mahlzeit für vier Personen ausreichend zu würzen. Asant wirkt zudem verdauungsfördernd, weshalb er in schwer verdaulichen Gerichten, zum Beispiel mit Hülsenfrüchten, sinnvoll eingesetzt werden kann.

... durch fermentierten Knoblauch

Wer auf den Knoblauch nicht verzichten will, für den gibt es weitere wertvolle Tipps, wie dieser einen Großteil seiner FODMAPs verlieren und somit besser verträglich werden kann: beispielsweise durch das Einlegen in zweiprozentiger Salzlake (milchsauer einlegen). Beim Fermentieren werden Speicherkohlenhydrate im Knoblauch bildhaft gesprochen durch die vorhandenen Milchsäurebakterien quasi „aufgefressen".

!

Fermentation ist ein Begriff, der für Gärprozesse steht.

Auch Gemüse zu vergären beziehungsweise zu fermentieren, ist eine bekannte Methode, die nicht nur auf eine uralte Geschichte zurückblicken kann. Hat man die Fermentation früher vorrangig genutzt, um Lebensmittel haltbar zu machen, ist sie heute ein angesagter Trend in der Spitzengastronomie, um völlig neue Geschmackswelten zu kreieren. Die Fermentation feiert also ein großes Comeback in vielen Küchen. Man denke nur an köstliches Kimchi (zumeist aus Chinakohl zubereitet) beim Koreaner oder an japanisches Miso, hergestellt aus fermentierten Sojabohnen. Was also kompliziert klingt, ist eigentlich ganz einfach: Gemüse, Wasser, Salz – wenn Sie so auch Ihren Knoblauch fermentieren, steht einem Genuss oft nichts mehr im Wege. Denn: Nach der Fermentation sind weniger Kohlenhydrate, also auch weniger FODMAPs im eingelegten Gemüse enthalten.

... durch Knoblauch in Öl

Und noch ein Tipp: Fruktose ist wasserlöslich, aber nicht öllöslich. Daher bringt es wenig, den Knoblauch zum Beispiel in einer Gemüsesuppe mitzukochen und vor dem Essen zu entfernen – die FODMAPs haben Sie trotzdem in Ihrer Suppe. Anders sieht es aus, wenn Sie die Zehen in Öl dünsten beziehungsweise anbraten und dann vor dem Essen entfernen. Dadurch erhalten Sie zwar das Aroma aus der Knolle, die FODMAPs bleiben aber nicht im Essen. Und genau das wollen wir ja erreichen.

Knoblauchzehen einlegen

Um Ihre Knoblauchzehen einzulegen, nehmen Sie ein Drahtbügelglas, befüllen es dreiviertel voll mit geschälten Knoblauchzehen und geben die zweiprozentige Salzlauge darüber. Hierfür nehmen Sie 20 g Salz auf einen Liter Wasser. Beschweren Sie die Knoblauchzehen mit einem Gewicht, so dass sie unter der Wasseroberfläche bleiben, und stellen Sie das Ferment für die nächsten zwei bis vier Tage an einen Ort mit circa 20 bis 22 Grad Wärme beziehungsweise Raumtemperatur. Sobald Sie Bläschen sehen, beginnt die erste Phase der Fermentation. Anschließend lassen Sie den Knoblauch bei Temperaturen von etwa 15 bis 18 Grad für mindestens drei Wochen weiter fermentieren. Wenn Sie den Knoblauch essen möchten und das Glas geöffnet haben, bewahren Sie das Ferment im Anschluss nur noch im Kühlschrank auf, um ein Verderben zu vermeiden.

Vorsicht, Brühwürfel!

Kommen wir zu etwas, das in der Küche oft unverzichtbar ist: Brühe. Brühwürfel haben wir in unserer Tabelle in den zu meidenden Lebensmitteln in Phase 1 eingeordnet. Sie enthalten nämlich üblicherweise Geschmacksverstärker, glutenhaltiges Getreide und jede Menge Zucker. Bei einer FODMAP-Gemüsebrühe kommt es insgesamt darauf an, dass sie keinen Knoblauch, keine Zwiebeln, keinen Hefeextrakt, kein Glutamat, keine Laktose, keine Fruktose und gegebenenfalls auch kein Gluten enthält. Kurz: Wir brauchen eine FODMAP-arme Brühe als Grundlage für etwa Suppen, Saucen, Gemüsegerichte oder zum Verfeinern von Fisch- und Fleischgerichten. Die Lösung in der Low-FODMAP-Ernährung: Man kann sich diese Brühe ganz einfach selbst herstellen, es gibt aber auch fertige Produkte im Handel.

!

Ein Rezept für selbstgemachte Brühe finden Sie auf Seite 132.

Süßen und Süßungsmittel

Ahornsirup

Ahornsirup steht in Phase 1 der Low-FODMAP-Ernährung in unserer Tabelle der erlaubten Süßungsmittel. Wichtig ist allerdings: Achten Sie darauf, dass es sich um Ahornsirup ohne High-Fruktose-Corn-Sirup (HFCS) handelt. Letzteres ist nichts anderes als der schon besprochene Maissirup. In Nordamerika heißt er HFCS und besteht zumeist aus mehr als 40 oder 50 Prozent Fruktose. Nicht ökologisch hergestelltem Ahornsirup wird Maissirup oft zugesetzt, um ihn süßer zu machen. Ein weiteres Problem: Wissenschaftler der Universität Basel fanden anlässlich einer Studie zur Hunger- beziehungsweise Sättigungsregulation durch verschiedene Zucker heraus, dass bei hohem Verzehr von Fruktose zu allem Übel auch kaum eine Sättigung auslöst wird. Mit anderen Worten: Nahrungsmittel mit reichlich Fruktose machen Appetit auf mehr – und ein Teufelskreis kann entstehen, der nicht zuletzt zu Übergewicht und den daraus resultierenden gesundheitlichen Folgen führen kann.

!

Achten Sie beim nächsten Einkauf einmal auf die Angaben zum Zuckergehalt bei den verschiedenen Nahrungsmitteln. Bei den meisten Bio-Produkten ist kein HFCS zugesetzt.

Stevia

Eine wunderbare Alternative: Reines Stevia ohne Fruktose kann zum Süßen verwendet werden. Die Pflanze ist in Brasilien und Paraguay beheimatet und wird dort seit Jahrhunderten als Süßungsmittel wie auch als Heilkraut verwendet. Da Stevia eine sehr hohe Süßkraft hat, ist es jedoch manchmal etwas schwierig, richtig zu dosieren. Eine genaue Waage ist deswegen beim Einsatz dieses Süßungsmittels empfehlenswert.

Diese Süßungsmittel bitte meiden

An dieser Stelle noch einmal zur Klarheit: Oft finden Sie statt des Begriffs Maissirup oder Maiszucker auch das Wort Glukosesirup auf Verpackungen oder, wie beschrieben, High-Fruktose-Corn-Sirup oder Fruktose-Glukose-Sirup. Gemeint ist immer das Gleiche: Zucker. Doch das Verhältnis von Glukose und Fruktose im verwendeten Süßungsmittel variiert:

- In Glukosesirup dürfen bis zu fünf Prozent Fruktose enthalten sein.
- Glukose-Fruktose-Sirup steht bei bis zu 50 Prozent Fruktose auf dem Etikett.
- Fruktose-Glukose-Sirup muss bei mehr als 50 Prozent Fruktose angegeben werden.

Meiden Sie in Phase 1 der Low-FODMAP-Ernährung vor allem industriell hergestellten Glukose-Fruktose-Sirup beziehungsweise Fruktose-Glukose-Sirup und HFCS – also alle Süßungsmittel, die sehr viel Fruktose enthalten. Sollten Sie später wieder das ein oder andere Süßungsmittel integrieren wollen, sollten Sie auf der Herstellerangabe stets genau prüfen, wie hoch der Fruktosegehalt ist, beziehungsweise wie es um das Glukose-Fruktose-Verhältnis bestellt ist.

Richtig würzen

Auch beim Würzen gilt natürlich: Verwenden Sie am besten Gewürze und Küchenkräuter mit geringem FODMAP-Gehalt. Es hat sich bewährt, beispielsweise folgende immer vorrätig zu haben:

- Chili
- Kümmel
- Misopaste
- Muskat
- Salz
- Senf
- Sesam
- Tahini
- Zitronengras
- Kresse
- Leinsamen
- Mohn
- Petersilie
- Schnittlauch
- Senfkörner
- Sojasauce, glutenfrei (Tamari)
- Wacholderbeeren

Nutzen Sie am besten Tamari, das ist eine fermentierte weizen- und glutenfreie Sojasauce. Die in Sojabohnen enthaltenen FODMAPs werden – ähnlich wie beim Knoblauch – durch die Fermentation verträglicher. Das gilt auch für die Misopaste. In der Low-FODMAP-Ernährung sollte jedoch auch darauf geachtet werden, Weizen wegzulassen. Sie erinnern sich: Weizen enthält Fruktane, die ja ebenfalls zu den FODMAPS gehören und Beschwerden auslösen können. Gluten zählt zwar nicht zu den FODMAPs, dennoch profitieren meiner Erfahrung nach viele Patienten davon, wenn insbesondere in Phase 1 des FODMAP-Konzepts auch Gluten vermieden oder zumindest deutlich reduziert wird.

Öle und Fette

Grundsätzlich hat die Wahl des Öls keinen Einfluss auf Ihre FODMAP-Ernährung. Hier sind Sie also frei bei der Auswahl. Wenn Sie sich nicht vegan ernähren, können Sie beispielsweise zum Braten und Backen Butter, Butterschmalz oder Margarine verwenden.

> !
> Öle sind grundsätzlich unproblematisch.

Woran viele nicht denken: Verwenden Sie am liebsten Olivenöl, sollte dieses nicht hoch erhitzt werden. Zudem können Sie Olivenöl natürlich auch für Dressings verwenden. In der veganen Ernährung können Sie zum Erhitzen Kokosöl oder auch Rapsöl verwenden.

Kokosöl etwa ist sinnvoll, um den Bedarf an gesättigten Fettsäuren in einer pflanzenbasierten Ernährung zu decken. Sie sollten zusätzlich auch auf die Zufuhr von Leinöl oder Hanföl achten, um eine ausreichende Versorgung mit Omega-3-Fettsäuren sicherzustellen. Der Grund: Es gibt viele lebensnotwendige Fettsäuren, die unser Körper nicht selbst herstellen kann, die wir ihm also über unsere Ernährung zuführen müssen. In der Fachsprache werden sie essenzielle Fettsäuren genannt, wozu auch bestimmte Omega-3-Fette gehören, wie etwa auch die Alpha-Linolensäure. Der Organismus benötigt solche Fette beispielsweise für die Körperzellmembranen oder auch für wichtige Botenstoffe. Fehlen essenzielle Fettsäuren, schwächt das zum Beispiel unsere körpereigenen Abwehrkräfte.

Steckt da Laktose drin?

Laktose wird heutzutage in zahlreichen Lebensmitteln als Bindemittel oder Trägerstoff von Aromen eingesetzt. Oft ist sie auch in fettarmen Produkten enthalten, um deren Volumen zu erhöhen. Eine Studie der US-amerikanischen Agency for Healthcare Research and Quality ergab, dass Menschen, die eine Laktoseintoleranz haben, bis zu circa 24 g Laktose am Tag vertragen können. Das entspricht der Menge, die umgerechnet in beispielsweise zwei Tassen Milch steckt. Dennoch sollten Sie berücksichtigen, dass in einzelnen Fällen die Toleranzgrenze für Laktose deutlich niedriger liegen kann. Bewährt hat sich in der Low-FODMAP-Ernährung: Da die folgenden beiden Lebensmittelgruppen reichlich Milchzucker enthalten, sollten sie in Phase 1 des FODMAP-Konzepts, der Eliminationsphase, nicht verzehrt werden:

- Produkte, in denen Molkenpulver, Vollmilchpulver, Magermilchpulver enthalten ist
- Süßmolke, Sauermolke

Hier eine hilfreiche Auswahl grundsätzlich laktosearmer Lebensmittel:

- Rührei, Spiegelei, gekochtes Ei
- Mais- und Kartoffelstärke, Buchweizen
- vegetarische Brotaufstriche, Kräuter, Gewürze
- Sojaprodukte, Mandelmilch, Reisdrink
- Schinken, Braten, Kassler, Roastbeef, Rauchfleisch, Fleisch- und Geflügelsülzen
- Fisch und Meeresfrüchte: roh oder zubereitet ohne Fertigsaucen

Laktose kann grundsätzlich in den folgenden Lebensmitteln enthalten sein:

- Milch und Milchprodukte
- Milchpulver
- Molkenerzeugnisse
- Backwaren
- Gebäck und Kuchen
- Müslimischungen
- Eis
- Süßwaren
- Fertiggerichte
- Margarineprodukte
- Gewürzmischungen, Streugewürze
- Konserven
- Instanterzeugnisse
- Wurstwaren
- pikante Brotaufstriche
- Senf, Ketchup

Laktosefreie Milchprodukte finden Sie mittlerweile in jedem größeren Supermarkt und auch in Discountern. Sie enthalten einen Restbestand von 0,1 g Laktose pro 100 ml Milch. Sie erkennen diese Produkte an der Bezeichnung „Minus L", „lactosefrei" oder „laktosefrei".

LOW-FODMAP-REZEPTE FÜR GENIESSER

Und jetzt sind Sie dran: Low-FODMAP-Ernährung bedeutet, auszulassen, was viele FODMAPs enthält und deswegen Beschwerden verursachen kann. Sie bedeutet auch, so naturbelassen wie möglich zu essen, also künstliche Zusatzstoffe und ähnliches zu meiden. Sie werden sehen: Die Low-FODMAP-Rezepte wirken sich positiv auf Ihre Verdauungsbeschwerden aus und lassen Ihren gereizten Darm zur Ruhe kommen. Nutzen Sie die Umstellung auch dazu, wieder bewusster zu essen – jeden Bissen ausgiebig zu kauen. Denn eine gute und gesunde Verdauung, die keine Beschwerden macht, fängt bereits im Mundraum an.

FRÜHSTÜCKE

Buchweizenbrei

Zubereitungszeit: 15 Minuten
Quellzeit: 15 Minuten

Nährwerte für 1 Portion:

321 Kalorien	43 g Kohlenhydrate
9 g Proteine	12 g Fett

Zutaten für 2 Portionen

- 100 g Buchweizen
- 200 ml Mandelmilch
- 1 Prise Salz
- 1 TL Ahornsirup (ohne Maissirup/HFCS)
- 1 Handvoll Mandeln
- 8 Erdbeeren

Zubereitung

Buchweizen in einem Topf ohne Fett leicht anrösten, bis er duftet. Dabei rühren, damit er nicht anbrennt. Den Buchweizen mit Mandelmilch und Salz aufkochen lassen. Den Buchweizenbrei unter gelegentlichem Rühren bei geringer Hitze circa 15 Minuten quellen lassen, so dass ein dicker Brei entsteht. Bei Bedarf noch ein wenig Wasser zufügen.

In der Zwischenzeit Mandeln hacken und nach der Quellzeit unterrühren. Buchweizenbrei mit Ahornsirup abschmecken und in zwei Schälchen füllen.

Erdbeeren waschen und schneiden und den Buchweizenbrei damit garnieren.

Reisflocken-Porridge mit Erdbeersoße

Zubereitungszeit: 20 Minuten

Nährwerte für 1 Portion:

548 Kalorien	108 g Kohlenhydrate
12 g Proteine	6 g Fett

Zutaten für 2 Portionen

- 200 g Reisflocken
- 20 g Traubenzucker
- 400 ml laktosefreie Milch oder Reismilch
- 12 Erdbeeren (150 g)
- 2 TL Kokosraspeln
- 2 TL Reissirup
- etwas Mandelmus

Zubereitung

Reisflocken in einen kleinen Topf geben. Traubenzucker und Milch unterrühren und aufkochen lassen. Hitze reduzieren und 5 Minuten köcheln lassen. Ab und zu umrühren. Anschließend vom Herd nehmen und nochmals 5 Minuten zugedeckt quellen lassen.

Währenddessen die Erdbeeren putzen, in einen Topf geben und aufkochen. Die Kokosraspeln und den Reissirup zugeben und einige Minuten köcheln, bis die Soße andickt.

Porridge auf zwei Teller geben und die Erdbeersoße darüber gießen. Mit Mandelmus garnieren.

Beeren-Porridge

Zubereitungszeit: 30 Minuten

Nährwerte für 1 Portion:

369 Kalorien	57 g Kohlenhydrate
15 g Proteine	8 g Fett

Zutaten für 2 Portionen

- 200 g Brombeeren
- 200 g Erdbeeren
- 6 EL Wasser
- 100 g zarte Haferflocken
- 400 ml laktosefreie Milch
- 2 TL Ahornsirup (ohne Maissirup/HFCS)

Zubereitung

Beeren waschen, trocknen und die Hälfte der Erdbeeren halbieren.

Restliche Erdbeeren mit dem Wasser in einem Topf für circa 3–4 Minuten kochen und dann pürieren.

Haferflocken mit Milch in einem Topf aufkochen und unter Rühren auf mittlerer Stufe 3–4 Minuten köcheln lassen. Die zurückgelegten Erdbeerhälften mit den Brombeeren vermischen und unter die vorbereitete Erdbeersauce heben.

Porridge mit Ahornsirup süßen und mit der Beerenmischung abwechselnd in zwei Gläser schichten und servieren.

Bananen-Mandel-Oatmeal

Zubereitungszeit: 20 Minuten

Nährwerte für 1 Portion:

497 Kalorien	59 g Kohlenhydrate
19 g Proteine	19 g Fett

Zutaten für 2 Portionen

- 2 unreife Bananen
- 400 ml Sojamilch oder andere Pflanzenmilch
- 80 g zarte Haferflocken
- 3 EL Mandelmus
- 2 TL Traubenzucker
- 20 Mandeln

Zubereitung

Die Bananen halbieren. Eine Hälfte sehr fein mit einer Gabel zerdrücken. Die andere Hälfte in Scheiben schneiden und beiseite stellen. Mandeln hacken.

Die Sojamilch mit den zerdrückten Bananenhälften, den Haferflocken, dem Mandelmus und dem Traubenzucker zusammen in einem kleinen Topf verrühren. Alles einmal unter Rühren aufkochen lassen, dann auf niedrige bis mittlere Hitze zurückschalten und das Ganze etwa 2 Minuten lang cremig einköcheln lassen. Dabei oft rühren.

Oatmeal in zwei Schüsseln füllen, die zurückgelegten Bananenscheiben darauf verteilen und nach Geschmack mit gehackten Mandeln garnieren. Sofort heiß verzehren.

Bircher-Müsli

Zubereitungszeit: 20 Minuten

Nährwerte für 1 Portion:

689 Kalorien	113 g Kohlenhydrate
21 g Proteine	16 g Fett

Zutaten für 2 Portionen

- 250 g Haferflocken
- 2 TL Mandelstifte
- 2 TL Walnusskerne
- 2 TL Kürbiskerne
- ½ kleine Papaya
- 1 Aprikose
- 3 EL Ahornsirup (ohne Maissirup/HFCS)
- 6 EL laktosefreier Joghurt
- 200 ml Reisdrink

Zubereitung

Das Obst waschen und in mundgerechte Stücke schneiden. Walnusskerne klein hacken. Alle Zutaten gut miteinander vermischen. Geben Sie so viel Reisdrink darüber, bis das Bircher-Müsli die gewünschte Konsistenz hat.

TIPP

Wichtig: Die Frucht- und Nussmengen nicht erhöhen! Und für die Vorausdenker unter Ihnen: Eine noch bessere Konsistenz ergibt sich, wenn Sie das Müsli am Abend vorher mischen und morgens frisch aus dem Kühlschrank holen.

Crêpes mit Blaubeeren

Zubereitungszeit: 20 Minuten

Nährwerte für 1 Portion (3 Stück):

298 Kalorien	40 g Kohlenhydrate
7 g Proteine	12 g Fett

Zutaten für 2 Portionen

- 100 g glutenfreie Mehlmischung
- 150 ml laktosefreie oder pflanzliche Milch
- 1 Ei
- 1 Prise Salz
- 1 EL Traubenzucker
- 1 EL Kokosöl
- 1 Handvoll Blaubeeren
- Ahornsirup (ohne Maissirup/HFCS)

Zubereitung

Alle Zutaten bis auf die Blaubeeren und den Ahornsirup mischen und zu einem dünnflüssigen Teig verrühren. In einer heißen Pfanne das Öl schmelzen lassen und sechs dünne Crêpes ausbacken.

Auf Tellern anrichten und mit Blaubeeren und Ahornsirup garnieren.

Pfannkuchen mit Schoko- und Aprikosensoße

Zubereitungszeit: 35 Minuten

Nährwerte für 1 Portion (2 Stück):

583 Kalorien	95 g Kohlenhydrate
15 g Proteine	14 g Fett

Zutaten für 2 Portionen

Für die Pfannkuchen

- 200 g feine Haferflocken
- 25 g Reismehl
- 75 ml Reisdrink ohne Zuckerzusatz
- ½ EL Reissirup
- 1 EL Rapsöl

Für die Aprikosensoße

- 100 g Aprikosen
- 75 ml Wasser
- 1–2 EL Reissirup

Für die Schokosoße

- 250 ml Reisdrink ohne Zuckerzusatz
- 1–2 EL Reissirup
- 2 EL Maisstärke
- 30 g Schokolade (mindestens 70 % Kakaoanteil)

Zubereitung

Pfannkuchen: Alle Zutaten für die Pfannkuchen in einer Schüssel mischen und dann mit 1 EL Öl vier kleine Pfannkuchen in einer Pfanne ausbacken.

Aprikosensoße: Die Aprikosen schälen und mit dem Wasser und dem Sirup in einen Topf geben. Circa 5 Minuten aufköcheln lassen, dabei mehrmals umrühren und mit einem Pürierstab zu einer glatten Soße mixen.

Schokosoße: 3 EL von der Milch in eine Schüssel geben und mit dem Reissirup und der Stärke vermischen. Die Schokoladen in kleine Stücke brechen und hinzugeben. Die Mischung durchrühren beziehungsweise gut mixen. Den Rest der Milch in einem Topf erhitzen. Milch fortlaufend rühren und warten, bis sie zu kochen beginnt. Dann die Stärkemischung unter Rühren hinzufügen. Kurz aufkochen lassen, Herd ausschalten, Topf vom Herd nehmen und die Schokosoße schön glatt rühren.

Die Pfannkuchen auf einen Teller zu einem Turm stapeln und mit den Soßen übergießen.

Pancakes mit Erdbeeren

Zubereitungszeit: 35 Minuten

Nährwerte für 1 Portion (2 Stück):

940 Kalorien	141 g Kohlenhydrate
21 g Proteine	31 g Fett

Zutaten für 2 Portionen

- 240 g Buchweizenmehl
- 80 g Maisstärke
- 3 EL Sojamehl
- 1 ½ TL Backpulver
- 1 EL Traubenzucker
- 1 Prise Salz
- 450 ml laktosefreie Milch
- 4 EL Rapsöl
- 2 Eier
- 250 g Erdbeeren

Zubereitung

Alle trockenen Zutaten (bis auf die Erdbeeren) in einer Schüssel verrühren, erst dann die flüssigen Zutaten – Eier, Milch und 3 EL Öl – unterrühren. Der Teig sollte zwar zäh sein, aber in der Pfanne noch gut verlaufen. Sollte er nicht gut zerfließen, noch etwas Milch hinzugeben.

Vier Pancakes backen. Dazu in einer Pfanne 1 EL Öl erhitzen und pro Pancake mit einem Schöpflöffel den Teig hineingeben. Beide Seiten bei mittlerer Hitze braun backen. Erdbeeren waschen und zu den fertigen Pancakes servieren.

Haferflocken-Pancakes

Zubereitungszeit: 30 Minuten

Nährwerte für 1 Portion (2 Stück):

425 Kalorien	53 g Kohlenhydrate
12 g Proteine	17g Fett

Zutaten für 2 Portionen

- 2 EL Kokosöl
- 240 ml ungesüßte Sojamilch
- 10 g Leinsamen, fein gemahlen
- ½ unreife Banane
- 120 g Haferflockenmehl
- 1 ½ TL Backpulver

Zubereitung

Das Kokosöl schmelzen. Die Sojamilch mit den gemahlenen Leinsamen, der halben Banane und dem geschmolzenen Kokosöl in einen Mixbecher geben und mit einem Pürierstab zu einer glatten Flüssigkeit pürieren. Alternativ in einem Standmixer mixen. 5 Minuten ruhen lassen.

Das Haferflockenmehl in eine Rührschüssel geben und mit einem Schneebesen das Backpulver einrühren. Die vorbereiteten flüssigen Zutaten dazugeben und alles gut zu einem glatten Teig verrühren.

Vier Pancakes ohne zusätzliches Fett ausbacken. Die Pancakes werden gewendet, sobald relativ viele Luftblasen an der Oberfläche erscheinen und die Ränder gar aussehen. Die fertigen Pancakes auf Tellern verteilen und servieren.

Frühstückswaffeln belgische Art

Zubereitungszeit: 25 Minuten

Nährwerte für 1 Portion (2 Stück):

523 Kalorien	62 g Kohlenhydrate
11 g Proteine	24 g Fett

Zutaten für 2 Portionen

1 ½ unreife Bananen
2 ½ EL Rapsöl
2 Eier
150 g Maismehl
1 ½ TL Backpulver
1 ½ EL Kakao

Außerdem

Waffeleisen

Zubereitung

Bananen mit einer Gabel in einer Schüssel zerkleinern. Öl und Eier dazugeben und unterrühren. Maismehl, Backpulver und Kakao dazugeben und gut verrühren. Je nach Größe der Bananen muss man manchmal noch ein wenig Wasser dazugeben, damit der Teig nicht zu zähflüssig ist. Manchmal reichen schon ungefähr 50 ml dabei aus. Teig im Waffeleisen zu vier Waffeln ausbacken.

Frühstückswaffeln mit Reispudding

Zubereitungszeit: 30 Minuten

Nährwerte für 1 Portion (2 Stück):

447 Kalorien	73 g Kohlenhydrate
11 g Proteine	11 g Fett

Zutaten für 2 Portionen

Für die Waffeln

- 2 Eier
- 2 EL Rapsöl
- 1 EL Ahornsirup (ohne Maissirup/HFCS)
- 100 ml laktosefreie Milch
- 150 g Reismehl
- 100 g Haferflocken
- ½ TL Natron

Für den Reispudding

- 2½ EL Reismehl
- 1 EL Ahornsirup (ohne Maissirup/HFCS)
- 250 ml laktosefreie Milch

Zum Dekorieren

- einige Mandarinenschnitze
- frische Minze

Außerdem

- Waffeleisen

Zubereitung

Waffeln: Eier in einer Schüssel schaumig schlagen. Öl, Ahornsirup und Milch dazu geben und verrühren. Dann Reismehl, Haferflocken und Natron dazugeben und alles zu einem Teig verrühren. Teig im Waffeleisen zu vier Waffeln ausbacken.

Reispudding: In einer Tasse das Reismehl mit dem Ahornsirup und etwas von der Milch anrühren. Restliche Milch auf dem Herd in einem Topf erwärmen. Sobald die Milch kocht, geben Sie das angerührte Reismehl dazu. Kurz warten, bis es eindickt, und dann vom Herd nehmen.

Waffeln mit dem fertigen Reispudding, den Mandarinen und mit frischer Minze anrichten.

Erdnussbutter-Riegel mit Schokolade

Zubereitungszeit: 25 Minuten
Kühlzeit: 2 Stunden

Nährwerte für 1 Portion (2 Stück):

454 Kalorien	30 g Kohlenhydrate
8 g Proteine	32 g Fett

Zutaten für 16 Stück

- 1 EL Kokosöl
- ½ Kaffeetasse Butter
- 1 Kaffeetasse + 2 EL Erdnussbutter
- 1 Kaffeetasse Traubenzucker
- 30 g Schokolade (mindestens 70 % Kakaoanteil)

Außerdem

- Behältnis, 20 x 20 cm
- Alufolie

TIPP

Im Kühlschank halten sich die Riegel einige Tage.

Zubereitung

Eine Pfanne mit Alufolie auslegen und mit Kokosnussöl bestreichen.

In einem großen Topf Butter bei schwacher Hitze schmelzen.

Vom Herd nehmen und 1 Tasse Erdnussbutter einrühren. Umrühren, bis es eine einheitliche Masse wird.

In einem kleinen Topf die Schokoladenstückchen, Traubenzucker und die restlichen 2 EL Erdnussbutter bei schwacher Hitze unter Rühren erhitzen, bis die Schokolade geschmolzen ist.

Erdnussbutterschicht im Behältnis verteilen. Schokoladenschicht gleichmäßig über die Erdnussbutterschicht träufeln und dann vorsichtig mit einer Spachtel verteilen.

Im Kühlschrank ca. 2 Stunden kühlen. Danach die Riegel mit der Folie aus dem Behältnis heben. In Stücke schneiden und servieren.

Frühstücks-Müsli-Riegel

Zubereitungszeit: 30 Minuten
Backzeit: 25 Minuten

Nährwerte für 1 Portion (2 Stück):

447 Kalorien	10 g Kohlenhydrate
15 g Proteine	37 g Fett

Zutaten für 4 Riegel

Für die Füllung

160 g Brombeeren
2 TL Chiasamen

Für den Teig

220 g grobe Haferflocken
2 unreife Bananen
5 EL Kokosöl

Außerdem

Kleine rechteckige Backform, 20 x 20 cm
Backpapier

Zubereitung

Backofen auf 180 °C vorheizen.

Brombeeren in einem kleinen Topf erhitzen. Chiasamen unterrühren und für 10 Minuten leicht köcheln lassen.

Währenddessen zwei Drittel der Haferflocken in einem Mixer zu Mehl verarbeiten und dann mit den restlichen groben Haferflocken mischen. Bananen mit einer Gabel zerdrücken und mit dem Kokosöl unter die Haferflocken rühren.

Eine Backform mit Backpapier auslegen. Die Hälfte des Teigs in die Form geben und den Boden damit bedecken. Den Teig etwas andrücken. Nun die Brombeermasse darauf verteilen. Den restlichen Teig darüber verteilen. Ebenfalls etwas andrücken. Im Backofen für 25 Minuten backen, bis der Teig leicht gebräunt ist. Herausnehmen und in Stücke schneiden. Vor dem Essen noch etwas abkühlen lassen.

Brombeer-Frühstücks-Riegel

Zubereitungszeit: 20 Minuten
Backzeit: 25 Minuten

Nährwerte für 1 Portion (3 Stück):

471 Kalorien	75 g Kohlenhydrate
15 g Proteine	11 g Fett

Zutaten für 6 Stück

Für die untere Schicht

1 EL Rapsöl
150 g Haferflocken
3 EL reiner Ahornsirup
1 ½ unreife Bananen
50 g Proteinpulver (FODMAP-geeignet)
1 ½ TL Kokosnussöl
1 Prise Salz

Für die obere Schicht

100 g Brombeeren
50 g Haferflocken
40 g Kürbiskerne
35 g gehackte Walnüsse
1 ½ EL Chiasamen
50 ml Mandelmilch

Außerdem

Springform, 24 cm Durchmesser
Backpapier

Zubereitung

Den Backofen auf 180 °C vorheizen. Springform mit Backpapier auslegen und mit 1 EL Rapsöl bestreichen.

Alle Zutaten der unteren Schicht mixen. Ungefähr 1 Minute glattrühren. Den entstandenen Brei in die ausgekleidete Form geben und gleichmäßig verteilen. In den vorgeheizten Ofen geben und 10 Minuten backen.

Die restlichen Zutaten der oberen Schicht gut mischen. Backform aus dem Ofen nehmen und mit der Beerenmischung auffüllen. Die Beerenmischung in alle Ecken der Form verteilen und fest andrücken. 15 Minuten in den Ofen stellen. Aus dem Ofen nehmen und abkühlen lassen, dann in sechs gleich große Quadrate schneiden.

Erdbeer-Chia-Marmelade

Zubereitungszeit: 40 Minuten

Nährwerte für 1 Glas:

539 Kalorien	103 g Kohlenhydrate
8 g Proteine	9 g Fett

Zutaten für 1 Glas

680 g Erdbeeren

2–4 EL Ahornsirup (ohne Maissirup/HFCS)

2 EL Chiasamen

Außerdem

1 Schraubglas

Zubereitung

Erdbeeren waschen und in Stücke schneiden. In einem mittelgroßen Topf die Früchte und den Ahornsirup mischen. Zudecken und bei mittlerer Hitze unter gelegentlichem Rühren köcheln lassen, bis sie sich zu verflüssigen beginnen (etwa 5–10 Minuten). Sobald die Früchte flüssig sind, bringen Sie sie sanft zum Kochen und lassen alles etwa 5 Minuten köcheln. Leicht zerdrücken, um die gewünschte Konsistenz zu erreichen, und abschmecken. Bei Bedarf gegebenenfalls nachsüßen. Die Chiasamen einrühren und 1 Minute kochen lassen.

Den Topf vom Herd nehmen, umrühren und alles 10 Minuten ruhen lassen. Die Marmelade wird weiter eindicken, wenn sie abkühlt. Wenn sie sehr dünn erscheint, können Sie noch einmal 1–2 TL Chiasamen hinzugeben. Gut umrühren und nochmals 10 Minuten ziehen lassen.

Die Chia-Marmelade in ein Schraubglas geben, sie kann bis zu zwei Wochen im Kühlschrank lagern oder bis zu zwei Monate eingefroren werden.

Grüner Smoothie mit Spinat, Brombeeren und Banane

Zubereitungszeit: 10 Minuten

Nährwerte für 1 Portion:

50 Kalorien	7 Kohlenhydrate
3 g Proteine	1 g Fett

Zutaten für 2 Portionen

2 Handvoll Spinat

6–8 Brombeeren

½ unreife Banane

160 ml Wasser

Zubereitung

Obst und Gemüse waschen. Alle Zutaten für 1–2 Minuten im Mixer zu einem Smoothie verarbeiten. In zwei Gläser füllen und servieren. Frisch genießen!

SUPPEN

Karotten-Suppe

Zubereitungszeit: 40 Minuten

Nährwerte für 1 Portion:

198 Kalorien	24 g Kohlenhydrate
5 g Proteine	5 g Fett

Zutaten für 2 Portionen

- 2 Karotten
- 2 Kartoffeln
- ½ EL Kokosöl
- 350 ml Low-FODMAP-Gemüsebrühe (Rezept zum Selbermachen: Seite 132)
- ½ Bund Schnittlauch
- 1 Prise Salz
- Saft ½ Limette

Zubereitung

Karotten und Kartoffeln schälen und in dünne Scheiben schneiden. Für 3 Minuten in einem Topf im heißen Öl anschwitzen. Brühe hinzufügen und die Suppe bei geringer Hitze für 25 Minuten zugedeckt köcheln lassen.

Währenddessen Schnittlauch waschen, trocknen und in kleine Ringe schneiden.

Suppe mit einem Mixstab pürieren, mit Salz und Limettensaft abschmecken. Suppe in zwei Suppenteller füllen und mit Schnittlauch garnieren.

Zucchini-Suppe mit Chili

Zubereitungszeit: 30 Minuten

Nährwerte für 1 Portion:

319 Kalorien	38 g Kohlenhydrate
8 g Proteine	14 g Fett

Zutaten für 2 Portionen

- 2 mittelgroße Zucchini
- ½ Chilischote
- 1 mittelgroße Pastinake
- 1 EL Kokosöl
- 500 ml Low-FODMAP-Gemüsebrühe (Rezept zum Selbermachen: Seite 132)
- 1 Prise Salz
- 1 EL Limettensaft

Zubereitung

Die Zucchini waschen und in grobe Stücke schneiden. Chilischote waschen, entkernen und hacken. Pastinake schälen und in Stücke schneiden.

Kokosöl in einem Topf erhitzen und das Gemüse darin circa 5 Minuten anbraten. Mit der Gemüsebrühe ablöschen und 10 Minuten köcheln lassen. Dann die Suppe pürieren. Mit Salz und Limettensaft abschmecken.

In zwei Suppenteller gießen und heiß genießen.

Süßkartoffel-Kokos-Suppe

Zubereitungszeit: 30 Minuten

Nährwerte für 1 Portion:

261 Kalorien	29 g Kohlenhydrate
5 g Proteine	13 g Fett

Zutaten für 2 Portionen

- 2 Süßkartoffeln
- 1 Kartoffel
- 1 kleine rote Chilischote
- 1 TL Sesamöl
- 600 ml Low-FODMAP-Gemüsebrühe (Rezept zum Selbermachen: Seite 132)
- 3 EL Kokosmilch
- ½ Bund Koriander
- 1 TL Kokosraspeln
- 1 Prise Salz

Zubereitung

Süßkartoffeln und Kartoffel schälen und würfeln. Chilischote waschen, entkernen und in Ringe schneiden. Öl in einem Topf auf mittlerer bis hoher Stufe erhitzen. Süßkartoffel- und Kartoffelwürfel und Chiliringe kurz darin andünsten. Mit Brühe und Kokosmilch ablöschen und für 12–15 Minuten köcheln lassen.

Koriander waschen, trocknen und hacken. Kokosraspeln fettfrei in einer Pfanne kurz anrösten. Suppe pürieren, mit Koriander verfeinern, mit Salz würzen.

In zwei Suppenteller gießen und mit den gerösteten Kokosraspeln garnieren.

Toskanische Gemüsesuppe

Zubereitungszeit: 45 Minuten
Kochzeit: mindestens 1 Stunde
Planung: Die Suppe wird am Vortag vorbereitet

Nährwerte für 1 Portion:

219 Kalorien	18 g Kohlenhydrate
6 g Proteine	13 g Fett

Zutaten für 4 Portionen

- 1 Karotte
- 1 mittelgroße festkochende Kartoffel
- 1 Selleriestange
- ½ Kopf eines kleinen Weiß- oder Spitzkohls
- ½ große Mangoldstange
- 80 g Spinat
- 1 kleine Zucchini
- 2 Tomaten
- 2 EL Olivenöl
- 1 TL Petersilie
- 1–1 ½ l Low-FODMAP-Gemüsebrühe (Rezept zum Selbermachen: Seite 132)
- 1 Prise Salz
- 1 TL Olivenöl
- geriebener Parmesan nach Belieben

Zubereitung

Am Vortag: Karotte und Kartoffel schälen und klein würfeln. Selleriestange waschen und in 2–3 Millimeter dicke Scheiben schneiden. Kohl waschen und in schmale Streifen schneiden. Mangold waschen und in mundgerechte Stücke schneiden. Spinat waschen, Stiele entfernen und grob zerschneiden. Zucchini waschen und in kleine Würfel schneiden. Tomaten waschen und klein würfeln.

Olivenöl in einem großen Topf erhitzen. Karotte, Kartoffel, Sellerie, Kohl und Petersilie hinzugeben und bei mittlerer Hitze 10–15 Minuten dünsten. Alle paar Minuten umrühren.

Mangold, Spinat, Zucchini und Tomaten unterrühren und dann alles mit der Brühe auffüllen. Abgedeckt eine gute Stunde köcheln lassen. Mit Salz abschmecken. Abkühlen lassen und über Nacht kalt stellen.

Am nächsten Tag die Suppe vor dem Servieren erhitzen, gelegentlich umrühren. In vier Suppentassen oder Teller füllen, etwas Olivenöl darüber träufeln und geriebenen Parmesan dazu reichen.

Hühnersuppe

Zubereitungszeit: 40 Minuten

Nährwerte für 1 Portion:

171 Kalorien	12 g Kohlenhydrate
16 g Proteine	6 g Fett

Zutaten für 4 Portionen

- 1 EL Olivenöl
- 2 mittelgroße Karotten
- 1 Stangensellerie
- 600 ml Low-FODMAP-Gemüsebrühe (Rezept zum Selbermachen: Seite 132)
- 400 g Quinoa
- 400 g gekochtes Hühnerfleisch
- Saft ½ Limette
- 1 Prise Salz
- 1 Handvoll Petersilie

Zubereitung

In einem großen Topf Öl bei mittlerer Hitze erhitzen. Karotten schälen und in Scheiben schneiden, Sellerie stückeln. Sobald das Öl heiß ist, Karotten und Sellerie hinzufügen und 5 Minuten kochen, gelegentlich umrühren.

Gemüsebrühe und Quinoa hinzufügen, einmal alles aufkochen und dann die Hitze reduzieren. 10 Minuten leicht köcheln lassen. Hühnchenfleisch nach Belieben zerkleinern und hinzufügen, Limettensaft einrühren. Weiter köcheln lassen, bis alles gut erhitzt ist, und mit Salz abschmecken. Mit Petersilie garnieren und genießen!

Instant-Nudelsuppe aus dem Glas

Zubereitungszeit: 40 Minuten

Nährwerte für 1 Portion:

372 Kalorien	70 g Kohlenhydrate
16 g Proteine	2 g Fett

Zutaten für 2 Portionen

- 4 TL Low-FODMAP-Gemüsebrühe-Pulver (z. B. in Bioläden erhältlich)
- 1 Prise Salz
- 100 g Reisnudeln
- 5 kleine Karotten
- 1 kleine Zucchini
- 2 Handvoll Brokkoli
- 2 Handvoll Spinatblätter
- 2 Frühlingszwiebeln (das Grün)
- 2 TL Tamari-Sojasauce
- 2 TL Limettensaft

Zubereitung

Gemüsebrühe-Pulver und Salz in zwei große Gläser verteilen. Anschließend das Gemüse sehr klein schneiden und mit den Nudeln gleichmäßig verteilt in die Gläser schichten. Mit kochendem Wasser aufgießen und alles gut mischen. Nach 10–15 Minuten ist die Suppe fertig zum Genießen.

Mit Tamari-Sojasauce und Limettensaft abschmecken.

VEGANE HAUPTGERICHTE

Asiatischer Gurken-Sesam-Salat

Zubereitungszeit: 40 Minuten

Nährwerte für 1 Portion:

111 Kalorien	12 g Kohlenhydrate
3 g Proteine	6 g Fett

Zutaten für 4 Portionen

Für den Salat

- 2 große Salatgurken
- 2 große Karotten
- 1 rote Paprika
- ½ TL grobkörniges Salz
- 1 Frühlingszwiebel (das Grün)
- 1 EL Sesamsamen (weiß oder schwarz)

Für das Dressing

- 2 EL Reisessig
- 1 EL Limettensaft
- 1 EL Tamari
- 1 EL Ahornsirup (ohne Maissirup/HFCS)
- 1 EL Sesamöl
- 1 kleine Chilischote

Außerdem

- Spiralschneider oder Julienne-Schäler

Zubereitung

Gurken waschen. Die Enden der Gurken abschneiden und mit einem Spiralschneider oder einem Julienne-Schäler in Spiralen schneiden. Die geschnittenen Gurken in ein Sieb legen und einen ½ TL Salz hinzugeben. Die Gurken 15 Minuten im Sieb ruhen lassen.

Während die Gurken entwässern, die Karotten schälen und die Paprika hacken.

Für das Dressing die Chilischote waschen, entkernen und fein hacken und alle Dressingzutaten miteinander mischen und kurz mixen.

Sobald die Gurken abgetropft sind, diese auf einer Schicht Papierhandtücher oder einem sauberen Geschirrtuch ausbreiten und vorsichtig so viel Feuchtigkeit wie möglich herausklopfen. Die so vorbereiteten Gurkennudeln und Karotten sowie Paprikastückchen in eine Schüssel geben, die groß genug ist, um den Salat für vier Personen aufzunehmen. 1–2 EL vom Dressing hinzufügen und umrühren. Mit der in Scheiben geschnittenen Frühlingszwiebel (nur das Grün verwenden) und Sesamsamen garnieren und sofort servieren.

Thai-Quinoa-Salat

Zubereitungszeit: 40 Minuten

Nährwerte für 1 Portion:

235 Kalorien	27 g Kohlenhydrate
9 g Proteine	9 g Fett

Zutaten für 4 Portionen

- 150 g Quinoa
- ½ rote Paprika
- ½ Karotte
- ½ Salatgurke
- 2 grüne Zwiebeln
- 1 Tasse Rotkohl
- 150 g TK-Edamamebohnen (aufgetaut)
- 2 TL Sojasauce
- Saft von 1 ½ Limetten
- 1 EL Traubenzucker
- ½ EL Rapsöl
- ½ TL Sesamöl
- 75 g gehackte Erdnüsse
- 1 kleine Handvoll gehackter Koriander
- einige Blättchen gehacktes Basilikum

Zubereitung

Quinoa unter kaltem Wasser spülen und in einem mittelgroßen Topf nach Packungsanweisung kochen. Aus dem Topf nehmen und abkühlen lassen.

Die Paprika hacken, die Karotte schälen und sehr klein hacken. Gurke und Zwiebeln hacken, den Rotkohl reiben. Quinoa und das Gemüse mit den Edamamebohnen in eine große Schüssel geben.

In einer kleinen Schüssel die Sojasauce, Limettensaft, Traubenzucker, Raps- und Sesamöl verquirlen, bis sich der Zucker aufgelöst hat. Das Dressing über den Quinoa und das Gemüse gießen und umrühren. Koriander, Basilikum und Erdnüsse über den Salat streuen und leicht umrühren. Servieren oder im Kühlschrank bis zu einem Tag aufbewahren.

Brokkoli-Hirse-Salat mit Pestodressing im Glas

Zubereitungszeit: 40 Minuten
Planung: Der Salat wird am Vortag vorbereitet

Nährwerte für 1 Portion:

809 Kalorien	47 g Kohlenhydrate
12 g Proteine	61 g Fett

Zutaten für 2 Portionen

Für den Salat

- 100 g Hirse
- 300 ml Low-FODMAP-Gemüsebrühe (Rezept zum Selbermachen: Seite 132)
- 1 große Karotte
- 180 g Brokkoliröschen (ohne Stiel)
- 1 große Handvoll Spinat
- 2 EL Pinienkerne

Für das Pestodressing

- 6 TL Low-FODMAP-Pesto (Rezept zum Selbermachen: Seite 130)
- 2 EL Limettensaft
- 2 Schuss Apfelessig
- 4 EL Olivenöl
- 1 Prise Salz

Zubereitung

Salat: *Am Vortag* Hirse mit der Gemüsebrühe aufkochen und 10 Minuten köcheln lassen. Währenddessen die Karotte schälen, den Brokkoli und Spinat waschen. Alles in kleine mundgerechte Stücke schneiden.

Pestodressing: Die Zutaten für das Pestodressing in einer Tasse anmischen. Die gekochte Hirse in zwei Gläser füllen. Das Dressing darüber geben. Darauf die Karotten und den Brokkoli verteilen. Die Schichten etwas nach unten drücken, falls der Platz im Glas eng wird. Darauf die Spinatblätter geben. Als letztes die Pinienkerne darauf verteilen.

Deckel drauf und über Nacht im Kühlschrank lagern. *Am nächsten Tag* gut durchgezogen genießen.

Zucchini-Hummus

Zubereitungszeit: 30 Minuten

Nährwerte für 1 Portion:

370 Kalorien	19 g Kohlenhydrate
23 g Proteine	13 g Fett

Zutaten für 1 Portion

- 3 mittelgroße Zucchini
- Saft von 1 Limette
- 3 TL Tahini (Sesammus)
- 4 Stängel Koriander
- etwas Paprikapulver
- 1 TL Kreuzkümmel
- 1 TL Olivenöl
- Salz, Pfeffer
- 20 g Pinienkerne

Zubereitung

Zucchini waschen und in Streifen schneiden. Für ein paar Minuten von beiden Seiten andünsten, damit die Flüssigkeit herausgeht. Dann mit den anderen Zutaten in einen Mixer geben und pürieren.

Mit Olivenöl, Salz und Pfeffer abschmecken.

Mit Pinienkernen garnieren und servieren.

TIPP

Dazu passt hervorragend das Kartoffelpüree-Flachbrot von Seite 151.

Krautsalat

Zubereitungszeit: 50 Minuten
Ziehzeit: mindestens 5 Stunden

Nährwerte für 1 Portion:

173 Kalorien	20 g Kohlenhydrate
4 g Proteine	8 g Fett

Zutaten für 2 Portionen

- ½ Spitzkohl
- 1 Prise Salz
- 1 TL Sesamsamen
- 1 Karotte
- 1 EL Erdnüsse
- 1 EL getrocknete Cranberries
- ½ TL Kümmel
- 1–2 EL Reisessig
- 1 EL Sesamöl
- Salz, Pfeffer
- 1 TL Limettensaft

Zubereitung

Kohl in Streifen schneiden oder hobeln, dann einmal quer schneiden. Mit Salz gut vermengen und 30 Minuten ziehen lassen. Bei längerer Ziehzeit (bis 24 Stunden) abgedeckt kühl stellen. Den Kohl mehrmals kräftig mit den Händen ausdrücken, bis er leicht glasig ist. Die Flüssigkeit abgießen.

Jetzt die Sesamsamen in einer Pfanne trocken anrösten. Karotte putzen und grob raspeln. Erdnüsse fein hacken, Cranberries fein schneiden. Kümmel im Mörser grob anstoßen. Sesamsamen abkühlen lassen und alles in einer Schüssel mit dem vorbereiteten Kraut vermengen.

Essig, Öl, Salz und Pfeffer unterrühren und gründlich mit dem Salat vermischen. Einen halben Tag abgedeckt im Kühlschrank durchziehen lassen. Nochmals mit etwas Reisessig abschmecken, ebenso wie mit Salz und Limettensaft nach Geschmack.

Polenta-Gnocchi

Zubereitungszeit: 45 Minuten

Nährwerte für 1 Portion:

201 Kalorien	4 g Kohlenhydrate
4 g Protein	3 g Fett

Zutaten für 4 Portionen

- 800 ml Wasser
- 1 Prise Salz
- 1 Prise Muskat
- 200 g Polenta
- 4 Zweige Salbei
- 1 TL Olivenöl

TIPP

Wir haben in meiner Praxis oft nicht mit einem Messer gearbeitet, sondern einfach mit einer Plätzchen-Ausstechform Herzchen ausgestochen und goldbraun angebraten.

Zubereitung

Wasser in einem Wasserkocher zum Kochen bringen. Das kochende Wasser in einen hohen Topf geben und auf dem Herd auf kleiner Flamme weiter köcheln lassen. Wasser salzen, eine Prise frisch geriebene Muskatnuss dazu geben. Nun den Maisgries (Polenta) reinrieseln lassen und unter Rühren 5–10 Minuten zu einer glatten Masse quellen lassen. Darauf achten, dass nichts anbrennt.

Nach dem Kochen die Polentamasse auf Backpapier circa 1 cm dick flach streichen und auskühlen lassen. Salbei waschen, trocken schütteln, die Blätter abzupfen und in kleine Streifen schneiden. Sobald die Polentamasse leicht abgekühlt ist, kann sie mit zwei geschickten Händen und 2 EL zu Nocken geformt werden. Wer die Masse erkalten lässt, kann sie mit einem Messer in kleine Rauten oder in andere Formen schneiden.

Die Nocken in einer gut beschichteten Pfanne in möglichst wenig Olivenöl von allen Seiten goldbraun anbraten. Zum Schluss Salbeistreifen in die Pfanne geben und kurz mit anfrittieren. Warm servieren.

Indische Pfannkuchen mit Erdnuss-Chutney und Gemüse

Zubereitungszeit: 1 ½ Stunden
Planung: Der Dosateig wird am Vortag vorbereitet

Nährwerte für 1 Portion (2 Dosa):

577 Kalorien	35 g Kohlenhydrate
21 g Proteine	40 g Fett

Zutaten für 8 Dosa

Für das Dosa

- 300 g Sona Masuri Reis (in indischen Geschäften oder online erhältlich)
- 150 g Urad Dal (Urdbohne)
- 1 Prise Salz
- 1 TL Traubenzucker

Für das Erdnuss-Chutney

- 200 g ungesalzene geröstete Erdnüsse
- 1 Chilischote
- 2 Nelken
- 2 Kardamomkapseln
- Koriander (frisch oder 1 Prise Pulver)
- 3 EL Kokosöl
- 100–200 ml Wasser
- 1 Prise Salz
- 1 TL Rapsöl

Für das gebratene Gemüse

- 1 kleine Zucchini
- 2 Karotten
- 1 Stück Ingwer (1 cm)
- 1 EL Kokosöl
- 2 Kardamomkapseln
- ½ TL Kurkuma
- 1 TL Kreuzkümmelsamen
- ½ TL Garam Masala
- Saft von 1 Limette
- frischer Koriander nach Belieben

Zubereitung

Dosa: Am Vortag Reis und Dal waschen und 5 Stunden von Wasser bedeckt quellen lassen. Wasser abgießen und Dal-Reis-Gemisch mit Salz und Traubenzucker in die Küchenmaschine geben. Mahlen, bis der Teig nicht mehr sandig ist. Wer keine Küchenmaschine hat, püriert die Masse.
Den Teig in ein Behältnis mit Deckel geben und, falls für die Konsistenz nötig, ein bisschen Wasser dazugeben. Der Teig sollte eine pfannkuchenartige Konsistenz haben. Den Teig bei Zimmertemperatur eine Nacht fermentieren lassen.
Am nächsten Tag Teig gut durchrühren und bei Bedarf wieder vorsichtig etwas Wasser dazugeben. Hier müssen Sie sich immer nach der gewünschten Konsistenz richten. Um original Dosa zu machen, braucht man eine große Pfanne: Den Teig darin in die Mitte gießen und mit der Kelle von in-

nen nach außen verteilen. Warten Sie, bis der Teig an dünnen Stellen braun wird, dann wenden.

Erdnuss-Chutney: Erdnüsse in die Pfanne geben und mit Chilischote, Nelken, Kardamom und Koriander im Kokosöl andünsten. Kardamomkapseln und Nelken entfernen und je nach Geschmack auch die Chilischote rausnehmen. Die Erdnüsse mit den Gewürzen, Salz und etwas Öl in eine Küchenmaschine geben und mahlen (oder pürieren), bis eine feine Masse entstandenen ist. Je nach Vorliebe und gewünschter Konsistenz des Chutneys Wasser dazugeben. Sowohl der Dosateig als auch das Erdnuss-Chutney halten sich einige Tage im Kühlschrank.

Gebratenes Gemüse: Zucchini und Karotten waschen und in kleine Stückchen schneiden. Ingwer schälen und ebenfalls klein schneiden. Öl in einer Pfanne erhitzen und Kardamom, Kurkuma, Kreuzkümmelsamen und Masala kurz anbraten. Das Gemüse und den Ingwer dazugeben und garen. Vor dem Servieren Kardamom entfernen und frischen Koriander und etwas Limettensaft darüber geben.

Die fertigen Pfannkuchen mit dem Erdnuss-Chutney und gebratenem Gemüse als Beilage servieren.

TIPP

Dosa ist ein crêpeartiger Pfannkuchen aus Reismehl und Linsenmehl. Das typisch südindische Gericht wird traditionell zum Frühstück oder als Snack gegessen.

Kürbis-Süßkartoffel-Eintopf

Zubereitungszeit: 40 Minuten

Nährwerte für 1 Portion:

314 Kalorien	30 g Kohlenhydrate
8 g Proteine	17 g Fett

Zutaten für 4 Portionen

- 1 Fenchelknolle
- 4 Frühlingszwiebeln (das Grün)
- ½ kleiner Hokkaidokürbis
- 2 Süßkartoffeln
- 1 EL Kokosöl
- 180 ml Low-FODMAP-Gemüsebrühe (Rezept zum Selbermachen: Seite 132)
- 200 ml Tomaten aus der Dose
- 200 ml Kokosmilch
- 4 TL Tomatenmark
- 1 TL Misopaste
- 1 TL Kreuzkümmel
- 1 Prise Salz
- 1 TL Apfelessig
- 90 g Babyspinat

Zubereitung

Das Gemüse waschen und die Fenchelknolle und die Frühlingszwiebeln in kleine Stücke schneiden. Den Kürbis halbieren, Kerne entfernen und in kleine Würfel schneiden. Die Süßkartoffeln schälen und in ähnlich große Stücke (ca. 2 cm) schneiden.

Kokosöl in einem großen Kochtopf erhitzen. Den Fenchel hinzufügen und für rund 3 Minuten anbraten. Die Frühlingszwiebeln hinzufügen und beides für 1 weitere Minute braten. Die Süßkartoffeln und den Kürbis hinzufügen und alles weitere 2 Minuten dünsten. Anschließend die Brühe, die Dosentomaten und die Kokosmilch darüber gießen. Tomatenmark, Misopaste, Kreuzkümmel und Salz nach Geschmack hinzufügen. Die Hitze erhöhen, bis der Eintopf anfängt gut zu köcheln. Danach die Hitze reduzieren und alles weiter köcheln lassen, bis die Gemüsestücke weich sind. Den Herd ausschalten und den Apfelessig hinzufügen.

Den Eintopf leicht mit einem Pürierstab anpürieren, bis die gewünschte Konsistenz erreicht ist. Spinat hinzufügen und auf vier Tellern anrichten.

Gefüllter Hokkaidokürbis

Zubereitungszeit: 50 Minuten

Nährwerte für 1 Portion:

200 Kalorien	19 g Kohlenhydrate
14 g Proteine	7 g Fett

Zutaten für 4 Portionen

- 120 g Quinoa
- 2 mittelgroße Hokkaidokürbisse
- 4 EL Olivenöl
- 500 g Tofu oder Tempeh
- 1 TL Chilipulver
- 1 TL Kreuzkümmel
- 1 TL Koriander
- 1 Prise Cayennepfeffer
- 1 EL Balsamico
- 40 ml trockener Rotwein
- ¼ von einer Fenchelknolle
- ¼ von einem großen Grünkohlkopf
- 1 grüne Paprika

Zubereitung

Backofen auf 220 °C vorheizen.

Quinoa nach Packungsanleitung kochen. Kürbisse halbieren und Kerne mit einem Löffel entfernen. Das Kürbisfleisch gut mit Olivenöl einreiben. Die Kürbisse für 35 Minuten im Ofen backen. Währenddessen 2 EL Olivenöl in einer heißen Pfanne auf dem Herd erhitzen.

Den Tofu zerkrümeln und mit den Gewürzen mischen. Anschließend in der Pfanne anbraten, bis er goldbraun ist. Zum Schluss Balsamico und Wein hinzufügen und den Tofu aus der Pfanne nehmen. Nochmals 2 EL Olivenöl in die nun leere Pfanne geben. Den klein geschnittenen Fenchel für 5 Minuten anschwitzen. Grünkohl und Paprika ebenfalls klein schneiden und hinzufügen und alles weitere 3 Minuten anbraten.

Den gekochten Quinoa und den Tofu zum Gemüse geben. Den fertigen Kürbis aus dem Ofen nehmen und die Hälften mit der vorbereiteten Tofu-Gemüse-Mischung befüllen. Sofort heiß servieren!

One-Pot-Hirse

Zubereitungszeit: 45 Minuten

Nährwerte für 1 Portion:

585 Kalorien	83 g Kohlenhydrate
64 g Protein	30 g Fett

Zutaten für 4 Portionen

- 1 Aubergine
- 1 EL Kokosöl
- 2 TL Misopaste
- 450–500 ml Wasser
- 1 grüne Paprika
- 2 kleine Zucchini
- 200 g Hirse
- 1 Brokkolikopf
- 2 Handvoll Walnüsse
- Salz, Pfeffer
- ½ TL Kurkuma
- Minzeblätter zum Garnieren

Zubereitung

Das Gemüse waschen. Die Aubergine in Würfel schneiden. Das Kokosöl in einem großen Topf erhitzen. Misopaste und Auberginen darin einige Minuten andünsten. Mit dem Wasser ablöschen und 5 Minuten köcheln lassen.

Währenddessen Paprika und Zucchini klein schneiden, die Hirse in einem Sieb waschen und anschließend in den Topf geben und alles gut verrühren. Für 5 Minuten köcheln lassen. Eventuell etwas Wasser nachgeben.

Nun den Brokkoli klein schneiden und die Nüsse klein hacken. Beides in den Topf geben. Für weitere 5 Minuten köcheln lassen.

Mit Salz, Pfeffer und Kurkuma abschmecken. Zum Schluss mit Minzeblättern garnieren.

VEGETARISCHE HAUPTGERICHTE

Zucchini-Spinat-Salat mit Erdnüssen

Zubereitungszeit: 45 Minuten

Nährwerte für 1 Portion:

576 Kalorien	13 g Kohlenhydrate
22 g Proteine	47 g Fett

Zutaten für 2 Portionen

- 2 mittelgroße Zucchini
- 4 EL Olivenöl
- 1 Prise Salz
- 50 g Baby-Blattspinat
- 3 Stiele Petersilie
- 60 g gesalzene Erdnüsse
- 3 EL Rotweinessig
- Saft ½ Limette
- etwas frischer Oregano
- 125 g Fetakäse

Zubereitung

Zucchini putzen, waschen und mit einem Sparschäler in längliche Scheiben hobeln. Eine Grillpfanne mit 2 EL Olivenöl auspinseln, Zucchini darin portionsweise unter Wenden für 1 Minute kräftig anbraten, mit Salz würzen.

Spinat verlesen, waschen und abtropfen lassen. Petersilie waschen, trocken schütteln, Blättchen von den Stielen zupfen und, bis auf etwas zum Garnieren, fein hacken.

Erdnüsse in einer Pfanne ohne Fett goldbraun rösten. Aus der Pfanne nehmen und abkühlen lassen. Rotweinessig, Limettensaft und Oregano verrühren, mit Salz abschmecken. Die verbliebenen 2 EL Olivenöl darunter schlagen. Spinat, Zucchini und Petersilie vermengen, auf einer Platte anrichten und mit der frisch zubereiteten Vinaigrette beträufeln. Käse grob darüber bröseln, mit Erdnüssen bestreuen. Mit Oregano und Petersilie garnieren.

Gebackener Camembert in Nusspanade

Zubereitungszeit: 30 Minuten

Nährwerte für 1 Portion:

426 Kalorien	21 g Kohlenhydrate
22 g Proteine	27 g Fett

Zutaten für 2 Portionen

- 2 Eier
- 100 g Erdnüsse oder Haselnüsse
- 2 Camemberts (Halbfettstufe)
- 4 EL Preiselbeeren

Zubereitung

In einem tiefen Teller ein Ei mit einer Gabel aufschlagen. Nüsse fein hacken und in einen weiteren Teller geben. Einen Camembert zuerst im Ei drehen, bis alle Seiten benetzt sind. Mit Ei umhüllten Camembert in den Nussteller legen und darin wenden, bis der ganze Käse mit einer Nusskruste überzogen ist.

Den Käse in eine heiße Pfanne geben und von jeder Seite circa 2 Minuten scharf anbraten, damit die Nüsse schön anrösten. Hitze reduzieren und noch einige Minuten den Käse erwärmen, damit er im Inneren auch schön heiß ist. Das Gleiche wird jeweils mit dem zweiten Camembert gemacht.

Den fertig gebackenen Camembert mit Preiselbeeren servieren.

Frische Spinatrolle

Zubereitungszeit: 35 Minuten

Nährwerte für 1 Portion:

363 Kalorien	4 g Kohlenhydrate
30 g Proteine	24 g Fett

Zutaten für 2 Portionen

- 300 g frischer Spinat
- 1 Msp. Muskatnuss
- 1 Prise Salz
- 3 Eier
- 100 g Emmentaler

Zubereitung

Ofen auf 150 °C vorheizen.

Spinat gut waschen und kurz blanchieren. Anschließend den Spinat abschrecken und mit der Hand ausdrücken. Spinat mit Muskatnuss und Salz würzen.

Eier trennen, Eiweiß in einem extra Gefäß steif schlagen, Eigelb zu dem Spinat geben und unterrühren. Eischnee vorsichtig unter den Spinat heben. Die Spinatmasse auf ein Blech mit Backpapier geben und in eine rechteckige Form streichen.

Im Ofen circa 10 Minuten backen. In dieser Zeit Käse reiben. Nach 10 Minuten das Blech aus dem Ofen nehmen und den Käse über die Spinatmasse geben. 2–5 weitere Minuten im Ofen garen lassen. Aus dem Ofen nehmen und langsam von der langen Seite aufrollen, dabei stückchenweise das Backpapier abziehen.

Reis-Omelett mit Zucchini

Zubereitungszeit: 25 Minuten

Nährwerte für 1 Portion:

297 Kalorien	31 g Kohlenhydrate
18 g Proteine	11 g Fett

Zutaten für 2 Portionen

- 150 g Wildreis
- 4 Eier
- 1 kleine Zucchini
- 1 EL Kokosöl
- 1 Prise Salz

Zubereitung

Reis nach Packungsanleitung kochen. In der Zwischenzeit Eier in einer Schüssel mit der Gabel aufschlagen und salzen. Zucchini klein schneiden und mit Kokosöl in einer Pfanne anbraten. Nach einigen Minuten den Reis und eventuell noch etwas Fett dazugeben, damit der Reis nicht anbrennt.

Hitze stark reduzieren, den Reis glattstreichen und dann das Ei darüber gießen. Deckel auf die Pfanne legen und bei niedriger Hitze garen lassen. Vor dem Servieren mit Salz abschmecken.

Aubergine mit Feta und Gewürzdressing

Zubereitungszeit: 30 Minuten

Nährwerte für 1 Portion:

516 Kalorien	11 g Kohlenhydrate
12 g Proteine	41 g Fett

Zutaten für 2 Portionen

- 2 Auberginen
- 6 EL Olivenöl
- 3 EL Rotweinessig
- 1 EL Traubenzucker
- 100 g Feta
- ½ Bund Petersilie

Zubereitung

Ofen auf Grillfunktion einstellen. Die Auberginen in Scheiben schneiden und auf beiden Seiten mit etwas Olivenöl bestreichen. Die Auberginenscheiben grillen, bis sie auf beiden Seiten leicht gebräunt sind. Dann auf eine Platte legen.

Den Rotweinessig mit dem Traubenzucker in einer kleinen Pfanne erhitzen, bis er sich aufgelöst hat, dann über die Auberginenscheiben streichen. Kurz vor dem Servieren den Feta und die grob gehackte Petersilie über die Auberginenscheiben verteilen.

Auberginenröllchen mit Quinoa

Zubereitungszeit: 40 Minuten

Nährwerte für 1 Portion:

363 Kalorien	41 g Kohlenhydrate
10 g Proteine	17 g Fett

Zutaten für 4 Portionen

Für die Röllchen

- 2 Auberginen
- 4 EL Olivenöl

Für den Quinoa

- 2 EL Kokosöl
- 1 TL Misopaste
- 120 g Quinoa
- 40 g Karotten
- 80 g Feta
- ½ Handvoll Petersilie
- Saft von 1 Limette

Zubereitung

Ofen auf Grillfunktion einstellen. Auberginen längs in dünne Scheiben schneiden. Jede Auberginenscheibe mit Olivenöl bestreichen. Für je 2–3 Minuten grillen, einmal drehen, bis sie weich und gut gebräunt sind.

Den Quinoa abspülen und nach Packungsanleitung kochen.

Kokosöl in einer großen Pfanne erhitzen. Misopaste hinzufügen, dann für 1 Minute braten. Den gekochten Quinoa hinzufügen und 1 weitere Minute braten.

Kochendes Wasser einrühren, bis alles bedeckt ist, und 10–15 Minuten leicht köcheln lassen, bis das Wasser verdunstet ist und die Quinoakörner einen weißen „Heiligenschein" um sich herum zeichnen.

In der Zwischenzeit die Karotte reiben, den Feta zerbröckeln und die Petersilie grob hacken. Temperatur reduzieren und die anderen Zutaten unterrühren.

Jede Auberginenscheibe mit Quinoa füllen, aufrollen und heiß oder kalt servieren.

Vegetarische Lasagne

Zubereitungszeit: 40 Minuten
Backzeit: 40 Minuten

Nährwerte für 1 Portion:

393 Kalorien	17 g Kohlenhydrate
21 g Proteine	26 g Fett

Zutaten für 4 Portionen

- 1 kleine Zucchini
- 1 rote Paprika
- 1 kleine Aubergine
- 3 Tomaten
- 1 festkochende Kartoffel
- 100 g Babyspinat
- 2 EL Kokosöl
- 1 Prise Salz
- 1 EL gehackte Petersilie
- 100 ml laktosefreie Sahne
- 200 g geriebener Emmentaler
- 50 g laktosefreier Frischkäse
- 7–10 Mais-Lasagneblätter

Außerdem

- kleine Auflaufform, 30 x 30 cm

Zubereitung

Ofen auf 180 °C vorheizen.

Zucchini, Paprika, Aubergine und Tomaten in kleine Stücke schneiden. Kartoffel schälen und in dünne Scheiben schneiden. Spinat waschen und trocken tupfen.

In eine große Pfanne mit Kokosöl, Zucchini, Kartoffel, Paprika, Aubergine, Spinat und die Tomaten geben. Mit Salz und Petersilie würzen und anbraten. In einer kleinen Schüssel die Sahne, 100 g Emmentaler und den Frischkäse vermengen.

Auflaufform leicht einfetten und den Boden mit Mais-Lasagneblättern auslegen. Die Hälfte der Gemüsemischung darübergeben und ein Drittel der Käse-Sahne-Mixtur. Dann wieder Lasagneblätter, die andere Hälfte der Gemüsemischung und das zweite Drittel der Käse-Sahne-Mixtur. Dann die letzte Schicht Lasagneblätter. Rest der Käse-Sahne-Mixtur darüber geben, sodass die obere Schicht der Blätter komplett bedeckt ist, damit diese nicht im Ofen trocken wird.

Zum Schluss mit dem restlichen Emmentaler bestreuen. Für etwa 40 Minuten im Ofen backen, bis die Lasagneblätter schön weich sind.

Überbackene Spätzle

Zubereitungszeit: 30 Minuten
Backzeit: 20 Minuten

Nährwerte für 1 Portion:

169 Kalorien	13 g Kohlenhydrate
5 g Proteine	10 g Fett

Zutaten für 2 Portionen

- 3 Eier
- 175 g Maismehl
- 1 Prise Salz
- 1 Msp. Muskat
- 2 EL Butter
- 1 laktosefreier Mozzarella (125 g)
- Wasser

Zubereitung

Eier in einer Schüssel verquirlen. Maismehl einsieben. Salz und etwas Muskat dazugeben und mit dem Knethaken des Handrührgeräts oder einem Kochlöffel zu einem zähflüssigen Teig kräftig verrühren, bis er Blasen wirft. Nach Bedarf wenig kaltes Wasser zufügen. Der Teig sollte reißend vom Kochlöffel fallen. Circa 10 Minuten ruhen lassen.

Topf mit Wasser aufstellen, salzen und zugedeckt aufkochen lassen. Spätzleteig portionsweise durch eine Spätzlepresse oder einen Spätzlehobel (optional: Reibe mit größeren Löchern) ins kochende Wasser drücken. Aufkochen lassen und einige Male umrühren. Wenn die Spätzle an der Wasseroberfläche schwimmen, mit einem Schaumlöffel abschöpfen und abtropfen lassen.

Ofen auf 180 °C vorheizen. Auflaufform mit der Butter einfetten. Mozzarella in kleine Würfel schneiden. Spätzle in die Form geben und mit Mozzarella bestreuen. Im Ofen für circa 20 Minuten backen, bis der Mozzarella zerlaufen und bräunlich ist.

Gemüse-Pfannkuchen

Zubereitungszeit: 45 Minuten

Nährwerte für 1 Portion:

481 Kalorien	52 g Kohlenhydrate
20 g Proteine	20 g Fett

Zutaten für 2 Portionen

Für die Füllung

- 2 Karotten
- 2 gelbe Paprika
- 1 EL Butter
- Salz, Pfeffer
- 1 TL Kümmel
- 1 Bund Schnittlauch
- 2 EL laktosefreier Quark
- einige Blätter Eisbergsalat

Für die Pfannkuchen

- 2 Eier
- 140 ml laktosefreie oder pflanzliche Milch
- 80 g Maismehl
- 1 Prise Salz
- 1 EL Butter

Zubereitung

Füllung: Karotten schälen und raspeln. Paprika waschen, entkernen und in dünne Streifen schneiden. 1 EL Butter in einer Pfanne auf mittlerer Stufe erhitzen, Paprikastreifen und Karottenraspeln darin etwa 5–6 Minuten braten. Mit Salz, Pfeffer und Kümmel würzen. Für die Creme Schnittlauch waschen und in Ringe schneiden, mit Quark, Salz und Pfeffer verrühren. Salat waschen, trocknen und in Streifen schneiden.

Pfannkuchen: Ei, Milch, Maismehl und Salz verrühren und kurz quellen lassen. 1 EL Butter in einer anderen Pfanne erhitzen und darin aus dem Teig zwei große Pfannkuchen backen. Von jeder Seite circa 2–3 Minuten braten.

Pfannkuchen mit der Schnittlauch-Creme bestreichen, mit Gemüse und Salat belegen, zusammenklappen und servieren.

Kartoffel-Pesto-Pfanne

Zubereitungszeit: 50 Minuten

Nährwerte für 1 Portion:

481 Kalorien	49 g Kohlenhydrate
21 g Proteine	21 g Fett

Zutaten für 2 Portionen

- 3 festkochende Kartoffeln
- 1 EL Butter
- 150 g grüne Bohnen
- ½ Brokkolikopf
- 2 Eier
- 2 EL Low-FODMAP-Pesto (Rezept zum Selbermachen: Seite 131)
- 1 EL Pinienkerne
- Salz, Pfeffer

Zubereitung

Kartoffeln schälen und in 1–1 ½ cm große Würfel schneiden. Butter in einer Pfanne erhitzen und Kartoffeln ca. 20 Minuten in der Pfanne anbraten, bis sie gar sind.

Parallel dazu Wasser in einem Topf zum Kochen bringen. Bohnen und Brokkoli waschen. Bei den Bohnen die Enden abschneiden und in drei Teile schneiden. Den Brokkoli in kleine Röschen schneiden. Bohnen in den Topf geben und bei mittlerer Hitze garen. Nach circa 8 Minuten den Brokkoli dazu geben und für weitere 5 Minuten köcheln lassen. Anschließend das Wasser abgießen.

Wenn die Kartoffeln fertig sind, Brokkoli, Bohnen, Pinienkerne und Pesto unterrühren. Mit Salz und Pfeffer abschmecken.

Eier kochen, pochieren oder anbraten und ebenfalls mit Salz und Pfeffer abschmecken.

Gemüse und Ei auf zwei Tellern anrichten und genießen.

Gemüse-Frittata

Zubereitungszeit: 30 Minuten
Backzeit: 45 Minuten

Nährwerte für 1 Portion:

608 Kalorien	28 g Kohlenhydrate
50 g Proteine	31 g Fett

Zutaten für 2 Portionen

- 2 Auberginen
- 2 Zucchini
- 2 rote Paprika
- 12 Cocktailtomaten
- 8 Eier
- 200 ml Reismilch
- 4 EL geriebener Parmesan
- 6 Frühlingszwiebeln (das Grün)
- 1 Prise Salz
- ½ Bund Schnittlauch
- 1 EL Butter

Außerdem

- kleine Auflaufform, 20 x 12 cm

Zubereitung

Den Ofen auf 180 °C vorheizen.

Die Auberginen, die Paprika, die Frühlingszwiebeln und die Tomaten kleinschneiden und die Zucchini reiben. Alles mit Salz und Schnittlauch würzen und in einer Pfanne mit etwas Butter anbraten.

Dann die Eier in einer großen Schüssel leicht schaumig schlagen. Dazu nach und nach den Parmesan und die Reismilch hinzugeben. Das fertige Gemüse unter die schaumigen Eier heben und in eine kleine Auflaufform füllen. Etwa 40–50 Minuten im Ofen backen, bis das Ei festgeworden ist. Noch etwas abkühlen lassen und dann genießen.

Mozzarella-Kartoffeln auf Tomaten

Zubereitungszeit: 40 Minuten

Nährwerte für 1 Portion:

890 Kalorien	124 g Kohlenhydrate
43 g Proteine	22 g Fett

Zutaten für 2 Portionen

- 10 festkochende Kartoffeln
- 30 Cherrytomaten
- 1 TL grobes Meersalz
- ½ Bund Schnittlauch
- 1 EL Olivenöl
- 2 Frühlingszwiebeln (das Grün)
- 2 laktosefreie Mozzarella (à 125 g)
- 1 Prise Salz

Zubereitung

Die Kartoffeln in Salzwasser kochen, bis sie gar sind. Währenddessen die Cherrytomaten mit Meersalz und Schnittlauch würzen und mit Olivenöl in eine Pfanne geben. Bei niedriger Hitze andünsten, bis sie leicht aufplatzen – das Ganze geht auch im Ofen.

Wenn die Kartoffeln fertig sind, die warmen Tomaten darüber geben, noch einmal mit Salz nachwürzen, die Frühlingszwiebeln darüber streuen und den in dünne Scheiben geschnittenen laktosefreien Mozzarella darüber legen, solange alles noch heiß ist. Den Mozzarella leicht schmelzen lassen und sofort genießen!

Quark-Tomaten-Sandwiches

Zubereitungszeit: 35 Minuten

Nährwerte für 1 Portion:

437 Kalorien	14 g Kohlenhydrate
45 g Proteine	21 g Fett

Zutaten für 2 Portionen

- 200 g laktosefreier Quark
- Salz, Pfeffer
- 2–3 Stängel Petersilie
- 12 Cocktailtomaten
- 1 rote Paprika
- 2 laktosefreie Mozzarella (à 125 g)
- 2 Frühlingszwiebeln (das Grün)
- 4 Scheiben Low-FODMAP-Brot (Rezept zum Selbermachen: Seite 152)

Zubereitung

Den Ofen auf 180 °C vorheizen.

In einer Schüssel den laktosefreien Quark mit Salz und klein gehackter Petersilie vermengen, so dass ein leckerer Kräuterquark entsteht. Paprika in Würfel schneiden.

Dann das Brot dick mit dem Quark bestreichen – der Quark zieht dann in das Brot ein und macht es etwas saftiger. Anschließend die halbierten Cocktailtomaten, die Frühlingszwiebeln und kleine Paprikastücke auf den Quark legen und ein paar Scheiben laktosefreien Mozzarella oben drauf. Das Ganze etwa 20 Minuten in den Ofen geben, bis der Mozzarella schön goldbraun geschmolzen ist.

Verzehren, so lange es noch warm ist – dann schmeckt es besonders lecker!

Gemüse-Curry

Zubereitungszeit: 45 Minuten

Nährwerte für 1 Portion:

716 Kalorien	67 g Kohlenhydrate
19 g Proteine	39 g Fett

Zutaten für 2 Portionen

- 150 g fester Tofu
- 1 Prise Salz
- 2 EL Senf
- 1 Süßkartoffel
- ½ Brokkolikopf
- 50 g Prinzessbohnen
- 200 ml Kokosmilch
- 200 ml Low-FODMAP-Gemüsebrühe (Rezept zum Selbermachen: Seite 132)
- 1 EL Mandelmus
- ½ TL Ahornsirup (ohne Maissirup/HFCS)
- ½ TL Kokosöl
- ½ TL Muskat
- 1 TL Senfkörner
- ½ TL Kümmel
- 1 TL Sesam

Zubereitung

Den Tofu in 1–2 cm große Würfel schneiden. Mit Salz und Senf marinieren. Die Süßkartoffel waschen, schälen und ebenfalls in kleine Würfel schneiden. Den Brokkoli sowie die Prinzessbohnen ebenfalls waschen und in mundgerechte Stücke schneiden.

Kokosöl in einem großen Topf erhitzen und die Gewürze bei scharfer Hitze kurz anbraten. Die Hitze reduzieren, den Tofu hinzufügen und von beiden Seiten goldbraun braten. Die Süßkartoffeln in den Topf geben und mit Gemüsebrühe sowie Kokosmilch aufgießen. Circa 15 Minuten köcheln lassen. Mandelmus und Ahornsirup unterrühren und für die letzten 3 Minuten den Brokkoli und die Prinzessbohnen hinzufügen.

TIPP

Zum Curry passen am besten Reis oder Quinoa.

Ratatouille

Zubereitungszeit: 30 Minuten
Backzeit: 50 Minuten

Nährwerte für 1 Portion:

242 Kalorien	39 g Kohlenhydrate
11 g Proteine	4 g Fett

Zutaten für 4 Portionen

- 2 EL Kokosöl
- 1 Handvoll Petersilie
- 35 g Tomatenmark
- 400 g gehackte Tomaten (Dose)
- 1 Prise Salz
- 1 Prise Traubenzucker
- 1 Prise Muskat
- 1 kleine Zucchini
- 1 große Tomate
- 1 große Kartoffel
- 1 große Karotte
- etwas Parmesan

Außerdem

- quadratische Auflaufform, 30 x 30 cm

Zubereitung

Kokosöl mit der grob gehackten Petersilie in einem Topf erhitzen. Das Tomatenmark hinzugeben und kurz anrösten. Anschließend die gehackten Tomaten in den Topf geben und aufkochen lassen. Alles mit Salz, Traubenzucker und Muskat abschmecken und bei geringer Hitze köcheln lassen.

In der Zwischenzeit das frische Gemüse waschen, die Kartoffel und die Karotte schälen und alles in dünne Scheiben schneiden. Den Ofen auf 200 °C vorheizen. Den Käse in die Tomatensauce rühren und die Tomatensauce anschließend in die Auflaufform geben. Die Auflaufform sollte etwa halbvoll sein.

Nun werden die Gemüsescheiben abwechselnd in der Auflaufform angeordnet. Zum Schluss etwas Salz über das Gemüse geben. Das Ratatouille für circa 50 Minuten im Ofen backen.

HAUPTGERICHTE MIT FLEISCH

Sesam-Chicken-Buddha-Bowl

Zubereitungszeit: 40 Minuten
Marinierzeit: mindestens 4 Stunden

Nährwerte für 1 Portion:

761 Kalorien	94 g Kohlenhydrate
44 g Proteine	22 g Fett

Zutaten für 2 Portionen

Für die Sauce

100 ml Reisessig
50 ml glutenfreie Sojasauce
4 TL geröstetes Sesamöl
2 EL Ahornsirup (ohne Maissirup/HFCS)
2 EL Maisstärke

Für die Bowl

200 g Naturreis
2 Hühnerbrüste
2 TL Kokosöl
½ grüne Paprika
400 g Pak Choi
Salz, Pfeffer
100 g Bambussprossen
2 TL schwarze Sesamsamen

Zubereitung

Zutaten für die Sauce, außer der Maisstärke, in einer kleinen Schüssel mischen. Hühnerbrüste in kleine Stücke schneiden. Mischen Sie diese dann in einer größeren Schüssel mit der Hälfte der Sauce. Für 4–8 Stunden im Kühlschrank ziehen lassen.

Naturreis nach Packungsbeilage circa 30 Minuten gar kochen. Zwischendrin immer wieder umrühren, damit der Reis nicht am Topfboden anklebt.

Währenddessen die restliche Sauce in einem Topf zum Kochen bringen und 3 Minuten köcheln lassen. Stärke einrühren und ohne Klumpen eindicken lassen. Dann die Sauce abkühlen lassen.

Hühnerfleisch aus der Marinade nehmen und 8–10 Minuten anbraten. Aus der Pfanne nehmen und warm halten.

Kokosöl in der Pfanne erhitzen. Paprika in dünne Streifen schneiden und Pak Choi klein schneiden, beides für circa 5 Minuten dünsten, mit Salz und Pfeffer würzen. Bambussprossen unterrühren und 6 TL der Sauce hinzufügen. Alles 2 Minuten köcheln lassen.

Das Gemüse, den braunen Reis und das Hühnerfleisch in einer Bowl dekorativ anrichten. Mit Sesamsamen und der übrigen Sauce garnieren.

Mit Käse gefüllte Hackbällchen

Zubereitungszeit: 45 Minuten

Nährwerte für 1 Portion:

489 Kalorien	1 g Kohlenhydrate
7 g Proteine	49 g Fett

Zutaten für 2 Portionen

- 500 g Rinderhackfleisch
- 1 Ei
- 1 Prise Salz
- 1 TL Kümmel
- 80 g Emmentaler oder Raclettekäse

Zubereitung

Das Hackfleisch mit dem Ei vermischen und nach Geschmack mit Salz und Kümmel würzen. Käse in 1 cm große Würfel schneiden. Käsewürfel mit dem Hackfleisch umhüllen. Das geht mit den Händen ganz gut. Die Bällchen in einer Pfanne von allen Seiten schön braun anbraten und garen lassen.

Italienische Hühnchenpfanne Pollo Cacciatore

Zubereitungszeit: 50 Minuten

Nährwerte für 1 Portion:

933 Kalorien	17 g Kohlenhydrate
44 g Proteine	74 g Fett

Zutaten für 2 Portionen

- 3 EL Kokosöl
- 500 g Hühnerschenkel
- Salz, Pfeffer
- 1 Karotte
- 1 rote Paprika
- 150 ml trockener Weißwein
- 1 Dose gehackte Tomaten (ca. 400 g)
- 1–2 Stängel Petersilie
- 2 EL Kapern
- 70 g Kalamata-Oliven

Zubereitung

In einer großen Pfanne Kokosöl bei mittlerer Hitze erhitzen. Hähnchen mit Salz und Pfeffer würzen und für 2 Minuten anbraten. Karotte schälen und in Scheiben schneiden, Paprika würfeln. Dann mit Weißwein, Tomaten und der klein gehackten Petersilie in die Pfanne geben. Umrühren und zum Kochen bringen. Hitze reduzieren und ca. 25 Minuten köcheln lassen.

Kalamata-Oliven halbieren und entsteinen, mit den Kapern unterrühren und die Hühnchenpfanne sofort heiß servieren.

Eiersalat mit Speck

Zubereitungszeit: 20 Minuten

Nährwerte für 1 Portion:

654 Kalorien	68 g Kohlenhydrate
28 g Proteine	28 g Fett

Zutaten für 2 Portionen

- 2 Speckstreifen
- 3 Eier
- 1 Stange Sellerie
- 1 Frühlingszwiebel (das Grün)
- 1 TL Kümmel
- Salz, Pfeffer
- 75 ml Mayonnaise
- 1 Stängel Petersilie

Zubereitung

Eier hart kochen und hacken. Den Speck in einer Pfanne knusprig braten, abtupfen und klein hacken. Sellerie fein würfeln, die Frühlingszwiebel fein hacken.

Alles zusammen mit Kümmel, Salz und Pfeffer in eine große Schüssel geben. Die Mayonnaise vorsichtig einrühren und den fertigen Eiersalat mit der fein gehackten Petersilie bestreuen.

Limetten-Huhn auf Reis

Zubereitungszeit: 45 Minuten

Nährwerte für 1 Portion:

632 Kalorien	40 g Kohlenhydrate
37 g Proteine	34 g Fett

Zutaten für 2 Portionen

- 1 EL Butter
- 500 g Hähnchenschenkel
- 100 g Wildreis
- 300 ml Low-FODMAP-Gemüsebrühe (Rezept zum Selbermachen: Seite 132)
- Saft von 1 Limette
- 1 EL getrockneter Schnittlauch
- 1 Handvoll Petersilie

Zubereitung

Butter in einer großen Pfanne bei mittlerer Hitze erhitzen. Hähnchenschenkel zugeben und 2 Minuten auf jeder Seite anbraten. Hähnchen aus der Pfanne nehmen und beiseite stellen.

Reis, Gemüsebrühe, Limettensaft und Schnittlauch ebenfalls bei mittlerer Hitze in die Pfanne geben und umrühren. Das Huhn auf diese Reismischung legen und die Pfanne abdecken. Bei mittlerer Hitze für 20 Minuten köcheln lassen, beziehungsweise bis die Flüssigkeit verdampft ist. Das Limetten-Huhn mit fein gehackter Petersilie garnieren und servieren.

Huhn, Tomaten und Pesto-Sauce

Zubereitungszeit: 35 Minuten

Nährwerte für 1 Portion:

426 Kalorien	5 g Kohlenhydrate
33 g Proteine	29 g Fett

Zutaten für 2 Portionen

- 200 g Naturreis
- 1 EL Kokosöl
- 4 Hühnerbrüste
- Salz, Pfeffer
- 2 reife Tomaten
- 1 EL Tomatenmark
- 3 EL Low-FODMAP-Pesto (Rezept zum Selbermachen: Seite 131)
- 3 EL laktosefreie Crême double
- etwas frischer Bärlauch

Zubereitung

Braunen Reis nach Packungsanleitung ca. 30 Minuten gar kochen. Zwischendrin immer wieder umrühren, damit der Reis nicht am Topfboden anklebt.

Das Öl in einer Pfanne erhitzen. Hühnerfleisch hinzugeben und braten, bis es etwas Farbe annimmt, wenden und auf der anderen Seite braten. Anschließend 12–15 Minuten garen. Alles mit etwas Salz und Pfeffer würzen.

Die Tomaten halbieren und mit in die Pfanne geben. Einige Minuten umrühren, bis sie weich werden. Hitze reduzieren und Tomatenmark, Pesto und laktosefreie Crême double einrühren, bis eine Soße entsteht. Anschließend mit einigen gehackten Bärlauchblättern bestreuen und mit dem Reis servieren.

Moussaka

Zubereitungszeit: 40 Minuten
Backzeit: 60 Minuten

Nährwerte für 1 Portion:

490 Kalorien	26 g Kohlenhydrate
39 g Proteine	24 g Fett

Zutaten für 4 Portionen

- 4 Kartoffeln
- 1 Aubergine
- 1 mittelgroße Zucchini
- 2 EL Butter
- 250 g Rinderhackfleisch
- ½ TL Petersilie
- 1 Prise Salz
- ½ TL Kümmel
- ½ TL Muskat
- 3 EL passierte Tomaten
- 100 ml laktosefreie Milch
- 2 Eier
- 25 g Hüttenkäse

Außerdem

- Alufolie

Zubereitung

Kartoffeln schälen und in Salzwasser kochen, abgießen und die abgekühlten Kartoffeln in Scheiben schneiden. Aubergine und Zucchini in Scheiben schneiden, salzen und circa 20 Minuten ziehen lassen.

Ofen auf 200 °C vorheizen. Auberginen mit Küchenpapier trocknen und auf ein mit Backpapier belegtes Blech legen. 10–15 Minuten im Ofen vorgaren. 1 EL Butter in einer Pfanne erhitzen, Hackfleisch darin anbraten, mit Salz, Petersilie, Kümmel und Muskat würzen. Tomaten hinzufügen und vom Herd nehmen.

Eine große Auflaufform mit Butter einfetten. Kartoffelscheiben darin auslegen. Die Auberginen- und Zucchinischeiben und dann das Hackfleisch darüber verteilen.

Eier mit der Milch verquirlen, mit Muskat und Salz würzen und darüber gießen. Zum Schluss den Hüttenkäse darauf verteilen. Nun im Ofen 60 Minuten backen, bis die Eimasse fest und der Käse gebräunt ist. Wenn die Moussaka schnell bräunt, nach 30 Minuten mit einem Stück Alufolie abdecken.

One-Pot-Reis mit Brokkoli und Hähnchen

Zubereitungszeit: 35 Minuten

Nährwerte für 1 Portion:

676 Kalorien	33 g Kohlenhydrate
57 g Proteine	33 g Fett

Zutaten für 2 Portionen

- 300 g Hähnchenbrust
- 1 kleiner Brokkolikopf
- 1 kleine Zucchini
- 200 g Naturreis
- 50 g geriebener Emmentaler
- 40 g geriebener Parmesan
- 550 ml Low-FODMAP-Gemüsebrühe (Rezept zum Selbermachen: Seite 132)
- 3 TL Butter
- 1 EL Pinienkerne
- 1 Prise Salz

Zubereitung

Hähnchenbrust, Brokkoli und Zucchini klein schneiden. 1 TL Butter in einem Topf leicht erhitzen. Hähnchen in der Butter anbraten. Es muss nicht komplett durchgebraten werden. Das Hähnchen auf eine Seite des Topfs schieben.

2 TL Butter auf die freie Seite geben und den Reis darin 2 Minuten andünsten. Dann die Gemüsebrühe dazugeben und 10 Minuten mit geschlossenem Deckel kochen. Nun das Gemüse unter den Reis heben und weitere 8 Minuten köcheln lassen. Danach den Emmentaler, Parmesan und die Pinienkerne unterrühren. Mit Salz abschmecken.

Hähnchen Cordon Bleu

Zubereitungszeit: 40 Minuten

Nährwerte für 1 Portion:

240 Kalorien	2 g Kohlenhydrate
27 g Proteine	13 g Fett

Zutaten für 2 Portionen

- 4 Hähnchenbrüste
- 4 Scheiben Schinken
- etwas geriebener laktosefreier Käse
- 1 Prise Salz
- 200 g glutenfreies Mehl
- 200 g glutenfreie Semmelbrösel
- 2 Eier
- 2 EL Butter

Außerdem

- einige Zahnstocher

Zubereitung

Die Hähnchenbrüste der Länge nach aufschneiden und dabei sicherstellen, dass die Hälften noch auf einer Seite verbunden sind, damit Sie sie öffnen und schließen können. Eine Scheibe Schinken auf eine Hälfte der Hühnerbrust geben und etwas geriebenen Käse darüber streuen. Mit Salz würzen. Mit der anderen Hälfte der Hühnerbrust schließen. Zum Verschließen einige Zahnstocher in die Seiten stecken.

Die Eier aufschlagen und in einen tiefen Teller geben. Mehl und Semmelbrösel in zwei weitere tiefe Teller geben. Die Hähnchenbrüste im Mehl wälzen, bis alle Seiten bedeckt sind. Dann im Ei und schließlich durch die Semmelbrösel wälzen. Sie können die Hähnchen-Cordon Bleus jetzt für eine Weile in den Kühlschrank stellen.

2 EL Butter in einer Pfanne erhitzen und die Cordon Bleus bei mittlerer Hitze braten, bis sie auf beiden Seiten gebräunt sind, das dauert etwa 10 Minuten. Die Hitze reduzieren und das Ganze mit einem Deckel auf der Pfanne solange köcheln lassen, bis die Hühnchenbrüste gut durch sind.

Grünes Thai-Curry

Zubereitungszeit: 50 Minuten

Nährwerte für 1 Portion:

724 Kalorien	40 g Kohlenhydrate
48 g Proteine	39 g Fett

Zutaten für 2 Portionen

- 200 g Naturreis

Für die Curry-Paste

- 1 Stängel Zitronengras
- 2–3 grüne Chilis
- 3 Frühlingszwiebeln (das Grün)
- 1 Bund Petersilie
- ½ TL gemahlener Kümmel
- ½ TL Muskat
- 1 TL Fischsauce
- 1 Limette
- 1 EL Kokosöl

Für das Chicken-Curry

- 300 g Hähnchenbrust oder Schenkelfilets
- 200 ml Kokosmilch
- 60 ml Low-FODMAP-Gemüsebrühe (Rezept zum Selbermachen: Seite 132)
- 1 TL Fischsauce
- ½ TL Traubenzucker
- 1 rote Paprika
- 50 g Maiskölbchen
- 1 kleine Handvoll Frühlingszwiebeln (das Grün)

Zubereitung

Braunen Reis nach Packungsanleitung ca. 30 Minuten gar kochen. Zwischendrin immer wieder umrühren, damit der Reis nicht am Topfboden anklebt.

Curry-Paste: Das Gemüse waschen. Den Zitronengrashalm in kleine dünne Scheiben schneiden, Frühlingszwiebeln in große Ringe schneiden, Petersilie grob zerkleinern. Limettenschale abreiben und ½ Limette auspressen. Alle Zutaten für die Currypaste in eine Küchenmaschine geben. Falls Sie keine Küchenmaschine haben, können Sie auch einen Hochleistungsmixer verwenden. Alles zusammen zu einer dicken, grünen Paste verrühren. Gegebenenfalls ab und zu anhalten, um die Masse mit einem Löffel nach unten zu drücken, damit sich alles gut vermischen lässt. Die Currypaste in eine große Pfanne geben und 2–3 Minuten bei schwacher Hitze erwärmen.

Chicken-Curry: Das Hähnchen in mundgerechte Stücke schneiden, mit in die Pfanne geben und gut umrühren. Bei mittlerer Hitze 4–5 Minuten kochen lassen. Kokosmilch, Gemüsebrühe, Fischsoße (je nach gewünschter Salzigkeit) und Traubenzucker hinzufügen und das Ganze für ein paar Minuten zum Kochen bringen.

In der Zwischenzeit Paprika in dünne Streifen schneiden. Anschließend die Hitze reduzieren, Paprikastücke und Maiskölbchen hinzufügen und das Curry mindestens 15 Minuten weiter köcheln lassen, bis sich die Soße verdickt.

Mit dem in Ringe geschnittenen Grün einer Frühlingszwiebel garnieren und mit etwas Limettensaft verfeinern. Mit dem Reis servieren.

Scharfer Gurkensalat mit Hackfleisch und Cashews

Zubereitungszeit: 30 Minuten

Nährwerte für 1 Portion:

1058 Kalorien	29 g Kohlenhydrate
84 g Proteine	64 g Fett

Zutaten für 2 Portionen

Für den Gurkensalat

- 2 rote Chilis
- 4 EL Kokosnussöl
- 700 g Rinderhackfleisch
- 2 TL Tomatenmark
- 2 TL Kümmel
- 1 Prise Salz
- 1 Bund Petersilie
- 2 Salatgurken
- 4 EL Olivenöl
- 2 EL Limettensaft
- 2 Handvoll Cashewkerne
- 1 Prise Salz

Für das Cashew-Dressing

- Saft von 2 Limetten
- 100 g Cashewkerne
- 6 TL Tahini
- 2 TL Ahornsirup (ohne Maissirup/HFCS)
- 1 Prise Salz
- 4 EL Wasser

Zubereitung

Gurkensalat: Chilis längs aufschneiden, Kerne entfernen und Schoten fein hacken. Kokosnussöl in einer Pfanne erhitzen, Hackfleisch hinzufügen und 5–7 Minuten scharf anbraten. Tomatenmark und Chili unterrühren und mit Kümmel und Salz abschmecken.

Petersilienblätter von den Stängeln zupfen und fein hacken. Die Hälfte der Gurken in dünne Scheiben schneiden und den restlichen Teil würfeln. Beides mit den restlichen Zutaten in eine Schüssel füllen und danach alles mit dem vorbereiteten Hackfleisch vermengen. Mit Salz abschmecken.

Cashew-Dressing: Für das Dressing Limetten auspressen und alle Dressingzutaten in einem Hochleistungsmixer zu einem cremigen Dressing mixen.

Salat auf zwei Teller verteilen und mit dem Dressing beträufeln.

TIPP

Für die vegane Variante ersetzen Sie das Hackfleisch einfach durch Räuchertofu.

Kohlrabi-Kartoffel-Gratin mit Schinken

Zubereitungszeit: 30 Minuten
Backzeit: 1 Stunde

Nährwerte für 1 Portion:

464 Kalorien	34 g Kohlenhydrate
27 g Proteine	23 g Fett

Zutaten für 4 Portionen

- 6 große festkochende Kartoffeln
- 2 große Kohlrabis
- 100 g Parmesan
- 1 EL Butter
- 8 Scheiben gekochter Schinken
- 150–200 g laktosefreie Schlagsahne
- 1 Prise Salz
- 1 Msp. Muskat

Zubereitung

Kartoffeln schälen, waschen und in dünne Scheiben hobeln. Kohlrabis schälen, waschen, in 2–3 Millimeter dünne Scheiben schneiden. Käse reiben.

Ofen auf 170 °C vorheizen. Eine Auflaufform fetten. Kartoffeln und Kohlrabis dachziegelartig in die Form schichten. Dabei jede Schicht mit etwas Käse bestreuen, mit Muskat und Salz würzen. Zwischendurch den Schinken mit einschichten.

Kartoffelgratin mit Sahne begießen und im heißen Ofen auf mittlerer Schiene 50–60 Minuten backen.

Zoodles mit Pute

Zubereitungszeit: 35 Minuten
Backzeit: 1 Stunde

Nährwerte für 1 Portion:

288 Kalorien	5 g Kohlenhydrate
31 g Proteine	15 g Fett

Zutaten für 2 Portionen

- 1 EL Butter
- 200 g Putengeschnetzeltes
- 200 g gewürfelte Tomaten (Dose)
- 1 TL getrocknete Petersilie
- ½ Chilischote
- 1 mittelgroße Zucchini
- 1 Handvoll Petersilie
- 2 EL geriebener Parmesan

Außerdem

- Spiralschneider

Zubereitung

Butter in einer großen Pfanne bei mittlerer Hitze erhitzen. Putengeschnetzeltes hinzufügen und etwa 8 Minuten braten, bis das Fleisch gar ist. Tomatenwürfel, getrockneter Petersilie und klein gehackte Chilischote unterrühren. Zum Kochen bringen, dann Hitze reduzieren und 5 Minuten köcheln lassen.

Zucchini spiralisieren. Die Zucchininudeln zum Fleisch hinzufügen und umrühren. Für 2–3 Minuten weiter köcheln, bis die Zucchininudeln warm sind. Mit Petersilie und dem Parmesan garnieren.

HAUPTGERICHTE MIT FISCH

Maispasta mit Lachs

Zubereitungszeit: 35 Minuten

Nährwerte für 1 Portion:

850 Kalorien	66 g Kohlenhydrate
28 g Proteine	50 g Fett

Zutaten für 2 Portionen

- 1 Packung Maisnudeln (250 g)
- 50 g Pinienkerne
- 1 Frühlingszwiebel (das Grün)
- 1 TL Kokosöl
- 2–3 Handvoll Spinat
- 200 g laktosefreie Sahne
- 200 g Räucherlachs
- etwas Parmesan
- 6 Stängel Petersilie
- 1 Prise Salz

Zubereitung

Maisnudeln nach Packungsanweisung kochen. Pinienkerne in einer Pfanne ohne Öl anrösten und beiseite stellen. Frühlingszwiebel in Ringe schneiden und mit Kokosöl in der Pfanne anbraten. Spinat waschen, trocknen und in die Pfanne dazugeben. Nach ein paar Minuten mit der Sahne ablöschen und köcheln lassen.

Räucherlachs in Streifen schneiden und ebenfalls in die Pfanne geben und mit gar ziehen lassen. Währenddessen Parmesan reiben und Petersilie waschen und hacken. Fertige Nudeln mit in die Pfanne geben, alles gut verrühren und würzen. Pasta servieren und mit dem geriebenen Parmesan, den Pinienkernen und der Petersilie garnieren.

Thunfischsalat auf Gurke

Zubereitungszeit: 20 Minuten

Nährwerte für 1 Portion:

261 Kalorien	4 g Kohlenhydrate
15 g Proteine	20 g Fett

Zutaten für 2 Portionen

- 5 Gewürzgurken (ohne Zucker)
- 1 Dose Thunfisch in eigenem Saft
- 3 EL laktosefreier Joghurt
- 3 EL Mayonnaise
- 1 Prise Salz
- 2 Salatgurken
- 1 Tomate

Zubereitung

Gewürzgurken in kleine Würfel schneiden. Thunfisch in einer Schüssel mit Joghurt, Mayonnaise, Gewürzgurken sowie Salz mischen.

Gurken schälen und in 2 cm lange Stücke schneiden. Die Stücke dann mit einem Löffel aushöhlen. Die ausgehöhlten Gurken mit dem Thunfischsalat füllen, in zwei Portionen anrichten und mit je einer halben Tomate garnieren.

Reisnudeln mit Garnelen

Zubereitungszeit: 30 Minuten

Nährwerte für 1 Portion:

925 Kalorien	7 g Kohlenhydrate
25 g Proteine	36 g Fett

Zutaten für 2 Portionen

- 300 g Reisnudeln
- 200 g Garnelen (King Prawns)
- 1 EL Butter
- 12 Cocktailtomaten
- 3 Frühlingszwiebeln (das Grün)
- 200 ml laktosefreie Sahne
- 1 Prise Salz

Außerdem

- Backpapier

Zubereitung

Reisnudeln nach Packungsanleitung kochen.

Garnelen in einer Pfanne mit Butter anbraten. Gemüse waschen. Cocktailtomaten halbieren. In einer weiteren Pfanne die Cocktailtomaten anbraten. Frühlingszwiebeln in kleine Ringe schneiden. Frühlingszwiebeln und die Sahne zu den Tomaten dazugeben und nach Geschmack mit Salz abschmecken. Sobald die Nudeln fertig sind, abtropfen lassen und mit den Garnelen und der Sauce vermengen.

Würzige Limettenpasta mit Garnelen

Zubereitungszeit: 35 Minuten

Nährwerte für 1 Portion:

825 Kalorien	38 g Kohlenhydrate
71 g Proteine	41 g Fett

Zutaten für 2 Portionen

- 230 g glutenfreie Linguini
- 1 EL Olivenöl
- 4 EL Butter
- 20 rohe große Garnelen (King Prawns, geschält und entdarmt)
- 1 TL getrockneter Schnittlauch
- ½ TL rote Pfefferflocken
- 600 g Spinat
- Saft von 1 Limette
- 2 Stängel Petersilie
- 1 Prise Salz

Zubereitung

Glutenfreie Nudeln nach Packungsanleitung kochen. Abtropfen lassen, 1 EL Olivenöl zugeben und beiseite stellen.

2 EL von der Butter in einem großen Topf erhitzen. Garnelen hinzufügen und kochen, bis sie pink werden, dabei einmal wenden. Sobald die Garnelen fast gar sind, den Schnittlauch, rote Pfefferflocken und Spinat unterrühren. Kochen bis der Spinat zusammengefallen ist, dabei gelegentlich umrühren.

Gekochte Pasta hinzufügen. Die restliche Butter hinzufügen und rühren, bis sie geschmolzen ist. Mit Limettensaft, Petersilie und Salz abschmecken.

Lachs auf Spinatbett mit Erdnuss-Sauce

Zubereitungszeit: 20 Minuten
Backzeit: 20 Minuten

Nährwerte für 1 Portion:

549 Kalorien	7 g Kohlenhydrate
34 g Proteine	41 g Fett

Zutaten für 2 Portionen

Für den Lachs

- 5 Handvoll Blattspinat
- Salz, Pfeffer
- ½ EL Olivenöl
- 250 g Lachs

Für die Erdnuss-Sauce

- 1 Frühlingszwiebel (das Grün)
- ½ EL Kokosöl
- 1 EL Erdnussbutter
- ½ EL Tamari-Sojasauce
- 150 ml Kokosmilch
- 1–2 TL Limettensaft

Zubereitung

Backofen auf 180 °C vorheizen.

Spinat waschen und trocknen, in einen großen Topf geben und andünsten, bis die Blätter zusammenfallen. Mit Salz und Pfeffer nach Geschmack würzen.

Auflaufform mit Olivenöl einstreichen. Spinat darin verteilen. Den Lachs in mundgerechte Stücke schneiden und auf dem Spinatbett anrichten. Im Backofen für 20 Minuten backen.

In der Zwischenzeit das Grün der Frühlingszwiebel waschen und in Ringe schneiden, in Kokosöl anschwitzen. Erdnussbutter und Sojasauce hinzufügen und mit Kokosmilch ablöschen. Bei niedriger Temperatur einköcheln lassen.

Wenn der Lachs fertig ist, diesen mit Limettensaft beträufeln und mit dem Spinatbett auf Tellern anrichten. Mit der Erdnuss-Sauce übergießen.

Thunfischnudeln

Zubereitungszeit: 30 Minuten

Nährwerte für 1 Portion:

391 Kalorien	51 g Kohlenhydrate
26 g Proteine	8 g Fett

Zutaten für 2 Portionen

- 250 g glutenfreie Nudeln
- 2 Thunfischsteaks (à 125 g)
- 2 Tomaten
- 20 Oliven
- 60 g Babyspinat
- 2 laktosefreie Mozzarella (à 125 g)
- 1 Prise Salz

Zubereitung

Nudeln nach Packungsanleitung kochen. Thunfischsteaks braten, bis sie durch sind. Dann in mundgerechte Stücke schneiden. Tomaten waschen und in kleine Würfel schneiden. Mozzarella halbieren oder vierteln. Spinat waschen und trocknen.

Sobald die Nudeln fertig sind, abtropfen lassen und in eine Schüssel geben. Tomaten, Thunfisch, Mozzarella, Oliven und Spinat gut mit den Nudeln vermischen. Auf zwei Tellern anrichten und mit Salz abschmecken.

Pastinaken-Nudeln mit Pesto und Garnelen

Zubereitungszeit: 30 Minuten

Nährwerte für 1 Portion:

880 Kalorien	23 g Kohlenhydrate
56 g Proteine	61 g Fett

Zutaten für 2 Portionen

- 1 Bund Bärlauch
- 40 g Parmesan
- 4 EL Pinienkerne
- 8 EL Olivenöl
- Salz
- 10 Garnelen
- 4 Pastinaken

Außerdem

- Spiralschneider

Zubereitung

Bärlauchblätter, Pinienkerne, 4 EL Olivenöl und Salz in einen Mixer geben. Alles durchmixen, bis eine Pestomasse entsteht. Anschließend geriebenen Parmesan unterrühren, abschmecken und eventuell noch etwas Öl dazugeben.

In einer Pfanne 2 EL Öl erhitzen. Die Garnelen darin anbraten, sobald die Pfanne heiß ist. Mit Salz abschmecken.

In einem Topf Wasser zum Kochen bringen. Währenddessen die Pastinaken waschen, schälen und den Strunk abschneiden. Mit einem Spiralschneider Nudeln daraus schälen. Die Pastinakennudeln für circa 3 Minuten im Wasser bei mittlerer Hitze kochen. Achten Sie darauf, dass die Nudeln bissfest sind, probieren Sie eventuell zwischendurch eine.

Die Nudeln auf einem Teller anrichten und das Pesto darüber geben. Garnelen darauf anrichten.

GRUNDREZEPTE

Low-FODMAP-Dressing

Zubereitungszeit: 10 Minuten

Nährwerte für 1 Portion:

175 Kalorien	3 g Kohlenhydrate
1 g Proteine	17 g Fett

Zutaten für 2 Portionen

- 75 ml Mayonnaise
- ½ EL getrockneter Schnittlauch
- ½ EL Rotweinessig
- 1 TL Traubenzucker
- ½ TL Dijon-Senf
- 1 Prise Salz
- 25 ml Wasser

Zubereitung

Alle Zutaten in einer kleinen Schüssel verquirlen. Bedecken und kühlen. Im Kühlschrank hält sich das Dressing abgedeckt etwa eine Woche.

TIPP

Das Dressing passt perfekt zu grünen Salaten oder Quinoa- und Reis-Bowls.

Low-FODMAP-Pesto

Zubereitungszeit: 15 Minuten

Nährwerte für 1 Portion (2 EL):

88 Kalorien	0 g Kohlenhydrate
0 g Proteine	8 g Fett

Zutaten für 400 ml

- 100 g Bärlauch
- 160 ml Knoblauch-Olivenöl
- 40 g Pinienkerne
- 1 Prise Salz
- 60 g Parmesan

Zubereitung

Alle Zutaten bis auf den Parmesan in der Küchenmaschine oder im Hochleistungsmixer zu einer gleichmäßigen Paste verarbeiten. Anschließend den fein geriebenen Parmesan unterrühren. Kühl aufbewahren.

Low-FODMAP-Gemüsebrühe

Zubereitungszeit: 20 Minuten
Köchelzeit: 1 Stunde

Nährwerte für 1 Portion (500 ml):

80 Kalorien	8 g Kohlenhydrate
3 g Proteine	4 g Fett

Zutaten für 1,5 Liter

- 2 große Karotten
- 1 Lauchstange (das Grün)
- 1 Stangensellerie
- 1 Bund Petersilie
- 1 EL Kokosöl
- 1 ½ Liter Wasser
- 1 EL schwarze Pfefferkörner
- 1 TL Salz

Optional:

- ½ Kohlrabi oder ½ Fenchel

Zubereitung

Das Gemüse putzen, schälen und in große Stücke schneiden. Mit etwas Kokosöl in einem Topf anbraten und nach circa 3 Minuten mit dem Wasser aufgießen. Anschließend Petersilie, Pfeffer und Salz hinzufügen und die gesamte Gemüsebrühe für circa 1 Stunde sanft köcheln lassen. Zum Schluss die Gemüsebrühe durch ein Sieb gießen.

Man kann sie sofort verwenden oder in einem sauberen Schraubglas im Kühlschrank etwa drei bis fünf Tage (oder in kleinen Portionen auch tiefgekühlt) aufbewahren.

DESSERTS

Tapioka-Kokos-Pudding

Zubereitungszeit: 10 Minuten
Kochzeit: 1 Stunde
Kühlzeit: mindestens 4 Stunden

Nährwerte für 1 Portion:

650 Kalorien	76 g Kohlenhydrate
3 g Proteine	35 g Fett

Zutaten für 2 Portionen

- 60 g Tapiokaperlen
- 280 ml Kokosmilch
- 5 EL Traubenzucker
- 1 TL Abrieb einer Tonkabohne
- 4 TL Kokosflocken

Zubereitung

Tapiokaperlen und Kokosmilch in einem Topf mischen und für circa 30 Minuten stehen lassen. Die Perlen saugen sich in dieser Zeit mit der Flüssigkeit voll.

Traubenzucker hineinrühren und langsam zum Kochen bringen. Wenn die Mischung einmal aufgekocht ist, Hitze reduzieren und circa 20–25 Minuten weiter köcheln lassen. Dabei immer wieder rühren. Die Tapiokaperlen werden dabei allmählich durchsichtig und die Puddingmasse dickt ein.

Topf vom Herd nehmen und den Abrieb der Tonkabohne hineinrühren. In Schüsseln verteilen und für 4–6 Stunden im Kühlschrank auskühlen lassen. Zum Servieren die Kokosflocken rösten und auf den Pudding geben.

Schokoladen-Mandarinen-Chia-Pudding

Zubereitungszeit: 10 Minuten
Kühlzeit: mindestens 1 Stunde

Nährwerte für 1 Portion:

317 Kalorien	27 g Kohlenhydrate
14 g Proteine	16 g Fett

Zutaten für 2 Portionen

- 240 ml Hafermilch
- 40 g Chiasamen
- 3 EL Kakaopulver
- 1 EL Mandarinensaft (frisch gepresst)
- 1 TL Limetten-Abrieb
- 1–2 EL Ahornsirup (ohne Maissirup/HFCS)
- 1 Mandarine

Zubereitung

Alle Zutaten außer die Mandarine in einen großen Behälter geben. Mit einem Schneebesen zu einer einheitlichen Masse schlagen. Anschließend bedecken und mindestens 1 Stunde oder besser noch über Nacht kühl stellen.

Auf zwei Schüsseln verteilen und mit einigen frischen Mandarinenstückchen garnieren.

Warmer Kakao-Chia-Pudding

Zubereitungszeit: 35 Minuten

Nährwerte für 1 Portion:

249 Kalorien	32 g Kohlenhydrate
6 g Proteine	10 g Fett

Zutaten für 2 Portionen

- 60 g Chiasamen
- 140 ml Hafermilch
- 1 EL Kakao
- 2–3 EL Ahornsirup (ohne Maissirup/HFCS)

Zubereitung

Geben Sie alle Zutaten in einem kleinen Soßentopf bei mittlerer Hitze auf den Herd. Alles gut verrühren. Rühren Sie solange weiter, bis der Pudding allmählich eindickt, circa 5–7 Minuten. Mit etwas Ahornsirup nochmals abschmecken, wenn Sie möchten. Wenn es zu dickflüssig ist, geben Sie einen Spritzer Hafermilch hinzu. Auf zwei Teller verteilen und warm genießen!

Bananeneis-Häppchen

Zubereitungszeit: 15 Minuten
Kühlzeit: mindestens 30 Minuten

Nährwerte für 1 Portion:

435 Kalorien	43 g Kohlenhydrate
4 g Proteine	26 g Fett

Zutaten für 2 Portionen

- 2 unreife Bananen
- 80 g Schokolade (mindestens 70 % Kakaoanteil)
- 1 EL Kokosfett

Für die Deko

- 1 Handvoll Walnusshälften
- 1 Handvoll Erdnüsse
- einige Rosenblätter

Außerdem

- Alufolie

Zubereitung

Bananen in gleich große Scheiben schneiden. Schokolade mit Kokosfett über einem heißen Wasserbad schmelzen und gut verrühren. Bananenscheiben mit der Schokolade überziehen und auf ein mit Alufolie überzogenes Küchenbrett legen. Bananenscheiben nach Belieben mit den Walnusshälften und Erdnüssen sowie Rosenblättern dekorieren.

Die Häppchen für mindestens 30 Minuten in den Gefrierschrank stellen und dann servieren.

Kokos-Limetten-Eis

Zubereitungszeit: 10 Minuten
Kühlzeit: mindestens 5 Stunden

Nährwerte für 1 Portion:

91 Kalorien	10 g Kohlenhydrate
1 g Proteine	5 g Fett

Zutaten für 2 Stück

- 50 g Himbeeren
- Saft ½ Limette
- 40 ml Kokosmilch
- ½ TL Reissirup (nach Bedarf)

Außerdem

- 2 Eisformen, je 50 ml Fassungsvermögen

Zubereitung

Himbeeren waschen und mit dem Limettensaft, der Kokosmilch und eventuell Reissirup im Mixer pürieren. Die Himbeermasse in vorbereiteten Eisformen verteilen und für mindestens 5 Stunden in die Gefriertruhe geben.

Himbeereis im Schokomantel

Zubereitungszeit: 10 Minuten
Kühlzeit: mindestens 5 Stunden

Nährwerte für 1 Portion:

172 Kalorien	12 g Kohlenhydrate
5 g Proteine	12 g Fett

Zutaten für 4 Portionen

Für das Eis
- 100 g Himbeeren
- etwas Abrieb einer Tonkabohne
- 1 EL Kokosmilch

Für die Schokolade
- 3 EL Kakaopulver
- 2 EL Kokosöl
- 2 Spritzer Reissirup

Außerdem
- 4 Eisformen, je 50 ml Fassungsvermögen

Zubereitung

Himbeeren waschen. Himbeeren, Abrieb der Tonkabohne und Kokosmilch im Mixer pürieren. Himbeermasse auf vorbereitete Eisformen verteilen. Für mindestens 5 Stunden in die Gefriertruhe geben.

Für die Schokolade das Kokosöl schmelzen. Kakaopulver und 1–2 Spritzer Reissirup unterrühren, bis sich alles aufgelöst hat. Eis aus der Gefriertruhe nehmen und aus den Formen lösen. In die Schokolade tauchen und kurz in der Hand halten, bis die Schokolade fest geworden ist. Das geht recht schnell. Gleich essen oder in einer Box in der Gefriertruhe aufbewahren.

GEBÄCK

Maronenkipferl

Zubereitungszeit: 35 Minuten

Nährwerte für 1 Keks:

137 Kalorien	14 g Kohlenhydrate
2 g Proteine	7 g Fett

Zutaten für 20 Stück

- 100 g gekochte Maronen (vakuumverpackt)
- 1 Msp. Kakao
- 250 g glutenfreies Mehl
- 175 g Margarine
- 120 g kristalline Reissüße
- 1 Prise Salz
- 100 g Zartbitterkuvertüre

Außerdem

- Backpapier

Zubereitung

Backofen auf 180 °C vorheizen.

Die Maronen mit Kakao pürieren. Alle übrigen Zutaten (bis auf die Zartbitterkuvertüre) zugeben und zu einem Teig verarbeiten. In Klarsichtfolie wickeln und 1 Stunde kalt stellen.

Kipferl formen und auf ein mit Backpapier belegtes Backblech legen. Im Backofen etwa 12 Minuten backen und auskühlen lassen. Zartbitterkuvertüre im Wasserbad schmelzen und Kipferl damit verzieren.

Kokos-Erdmandel-Kekse

Zubereitungszeit: 15 Minuten
Backzeit: 20 Minuten

Nährwerte für 1 Keks:

162 Kalorien	1 g Kohlenhydrate
2 g Proteine	16 g Fett

Zutaten für 10 Kekse

- 300 g gemahlene Erdmandeln
- 80 g Kokosflocken
- 100 ml Kokosmilch
- 3 TL Backpulver
- 10 EL Reissirup
- Kokosflocken zum Bestreuen

Außerdem

- Backpapier

Zubereitung

Den Backofen auf 180 °C vorheizen. Ein Backblech mit Backpapier auslegen.

Alle Zutaten in einer Schüssel miteinander verkneten. Den Teig in 10 gleich große Stücke aufteilen und Kekse daraus formen, am besten direkt auf dem Blech. Den Keksteig auf dem Blech flach und jeweils fest zusammendrücken. Die Kekse mit Kokosflocken bestreuen. Für 20 Minuten backen und auskühlen lassen, bis sie fest werden.

Marzipansterne

Zubereitungszeit: 40 Minuten
Kühlzeit: mindestens 1 Stunde

Nährwerte für 1 Keks:

206 Kalorien	15 g Kohlenhydrate
4 g Proteine	14 g Fett

Zutaten für 20 Kekse

- 180 g glutenfreies Mehl
- 120 g gemahlene Mandeln
- 1 Prise Salz
- 1 TL Limetten-Abrieb
- 120 g Butter
- 150 g Reissirup
- 200 g gemahlene Mandeln
- 100 g Reissirup
- 1 Ei

Außerdem

- Backpapier
- Spritzbeutel

Zubereitung

Backofen auf 170 °C vorheizen.

Mehl, gemahlene Mandeln, Salz und Limettenschale in eine Schüssel geben. Butter und Reissirup dazugeben und zügig zu einem glatten Teig kneten. In Frischhaltefolie einwickeln und mindestens 1 Stunde kalt stellen.

Für die Marzipanmasse die Mandeln mit Reissirup und Ei verrühren. Die Masse in einen Spritzbeutel füllen. Den Teig auf einer bemehlten Arbeitsfläche ausrollen und Sterne ausstechen. Auf ein mit Backpapier belegtes Backblech legen und auf jedes Plätzchen einen Marzipantupfen aufspritzen. Im Backofen für 15 Minuten backen.

Schokoladenkekse

Zubereitungszeit: 30 Minuten
Backzeit: 10 Minuten

Nährwerte für 1 Keks:

60 Kalorien	25 g Kohlenhydrate
4 g Proteine	6 g Fett

Zutaten für 24 Kekse

4 TL weiche Butter
200 g Traubenzucker
4 Eier
2 Prisen Salz
100 g Reismehl
2 EL Klebreismehl
2 EL Tapiokastärke
4 Msp. Johannisbrotkernmehl
100 g Mandelmehl
4 Msp. Backpulver
100 g Schokolade (mind. 70 % Kakaoanteil)

Außerdem

Backpapier

Zubereitung

Den Backofen auf 160 °C vorheizen. Ein Backblech mit Backpapier abdecken.

Die Butter und den Traubenzucker in einer großen Schüssel mit einer Gabel gut miteinander verrühren. Eier und Salz dazugeben und gut verrühren.

In einer zweiten Schüssel Reismehl, Klebreismehl, Tapiokastärke, Johannisbrotkernmehl, Mandelmehl und Backpulver verquirlen. Die Mehlmischung in die Buttermischung geben. Danach die Schokoladenstückchen einrühren. Den Teig im Kühl- oder Gefrierschrank mindestens 10 Minuten kalt stellen.

Dann den Teig in 24 kleine Portionen aufteilen und diese mit einem Löffel auf das Backblech geben. Die Kekse für circa 10 Minuten backen, bis sie nur leicht an der Unterseite gebräunt sind, aber immer noch weich, aber nicht flüssig an der Spitze. Jetzt noch 5 Minuten auf dem Blech abkühlen lassen und im Kühlschrank aufbewahren.

Haferflocken-Brombeer-Kekse

Zubereitungszeit: 20 Minuten
Kühlzeit: 20 Minuten
Backzeit: 10 Minuten

Nährwerte für 1 Keks:

289 Kalorien	30 g Kohlenhydrate
2 g Proteine	17 g Fett

Zutaten für 12 Kekse

- 225 ml flüssiges Kokosöl
- 150 g Traubenzucker
- 3 Eigelb
- 150 g glutenfreies Allzweckmehl
- 300 g Haferflocken
- 1 TL Backpulver
- 2 Prisen Salz
- 300 g Brombeeren

Außerdem

- Backpapier

Zubereitung

In einer großen Rührschüssel Kokosöl und Traubenzucker mit dem Handrührgerät mixen, bis eine weiche Masse entsteht. Eigelb hinzufügen und wieder für 2 Minuten rühren, bis der Teig glatt ist. Mehl, Haferflocken, Backpulver und Salz dazugeben und wieder mit dem Handrührgerät mixen.

Dann die Brombeeren langsam mit einem Holzlöffel unterheben. Um den Teig zu festigen, 20 Minuten lang zugedeckt im Kühlschrank kühlen. Dies ist bei der Arbeit mit Kokosnussöl besonders wichtig, damit sich die Kekse auf dem Blech nicht zu sehr verflüssigen.

Backofen auf 180 °C vorheizen. Ein Backblech mit Backpapier auslegen.

Teig aus dem Kühlschrank nehmen, zwölf gleich große Kugeln formen und auf das Backblech geben. Kugeln leicht flach drücken und für 10–13 Minuten, beziehungsweise bis die Ränder gerade beginnen, goldbraun zu werden, backen. Lassen Sie die Kekse dann einige Minuten auf dem Backblech abkühlen, damit sie etwas fester werden. Zum vollständigen Abkühlen können die Kekse dann auf ein Gitterrost gelegt werden.

Saftige Scones mit frischen Brombeeren

Zubereitungszeit: 25 Minuten
Backzeit: 30 Minuten

Nährwerte für 1 Scone:

290 Kalorien	70 g Kohlenhydrate
5 g Proteine	6 g Fett

Zutaten für 8 Scones

- 2 TL Limettensaft
- 350 ml Reismilch
- 250 g helles Reismehl
- 80 g gemahlene Hirseflocken
- 80 g Tapiokastärke oder Kartoffelstärke
- 4 TL geschrotete Leinsamen
- 4 TL Backpulver
- 4 TL Hafermehl
- 1 Prise Salz
- 3 Prise Traubenzucker
- 4 EL Reissirup
- 40 g Brombeeren
- 4 TL Kokosöl

Außerdem

- Backpapier

Zubereitung

Den Backofen auf 175 °C Umluft vorheizen.

Den Limettensaft in die Reismilch geben, damit „Buttermilch" daraus entsteht.

Alle trockenen Zutaten in einer Schüssel mischen. Die flüssigen Zutaten dazugeben und mit dem Handrührgerät alles gut durchmixen. Die Brombeeren waschen und mit einem Teigschaber unterheben.

Backblech mit Backpapier auslegen. 8 Scones formen und darauf verteilen. Für 20–30 Minuten im Backofen backen.

Scones 10 Minuten abkühlen lassen und anschließend in Stücke teilen. Warm genießen, dann schmecken sie am besten.

Saftige Gewürzlebkuchen

Zubereitungszeit: 30 Minuten

Nährwerte für 1 Lebkuchen:

184 Kalorien	20 g Kohlenhydrate
1 g Proteine	10 g Fett

Zutaten für 4 Lebkuchen

- 2 kleine mehlig kochende Kartoffeln
- 30 g Hirseflocken
- 20 g Reissirup
- 60 g gekochte Maronen (vakuumverpackt)
- 2 TL Kartoffelstärke
- 1 Prise Muskat
- 2 Prisen Kakao
- 2 Prisen Tonkabohnenabrieb
- 20 g Kokosöl
- 20 g Kakaobutter
- 20 g Reissirup
- 2 TL Kakaopulver

Außerdem

- Backpapier

Zubereitung

Kartoffeln kochen, schälen und noch heiß zu Brei stampfen. Hirseflocken im Mixer zu Mehl mahlen. Hirseflockenmehl, Reissirup, die geviertelten Maronen, Kartoffelstärke und Gewürze mischen. Kartoffelbrei und das Kokosöl dazugeben und alles zu einem Teig kneten.

Backofen auf 160 °C vorheizen. Aus dem Teig Kugeln formen und auf einem mit Backpapier ausgelegten Blech flach drücken. Die Lebkuchen sollten circa 1–1 ½ cm dick sein. Lebkuchen 20 Minuten backen und abkühlen lassen.

Für den Guss in einem kleinen Topf etwas Wasser erhitzen. Die Kakaobutter und den Reissirup in eine Schüssel geben und in den Topf stellen. Wenn beides im Wasserbad geschmolzen ist, das Kakaopulver unterrühren. Nun mit einem Pinsel die Lebkuchen mit der Glasur bestreichen.

Limettenschnitten

Vorbereitungszeit: 15 Minuten
Backzeit: 30 Minuten

Nährwerte für 1 Stück:

430 Kalorien	48 g Kohlenhydrate
5 g Proteine	23 g Fett

Zutaten für 1 Kuchen (4 Stück)

Für den Boden

- 90 g glutenfreies Mehl
- 30 g Traubenzucker
- 90 g sehr weiche Butter + 1 TL Butter

Für die Füllung

- 2 Eier
- 6 EL Traubenzucker
- 2 EL glutenfreies Mehl
- Saft von 1 Limette
- 2 TL Limetten-Abrieb

Außerdem

- quadratische Backform, 20 x 20 cm

Zubereitung

Backofen auf 190 °C vorheizen.

Für den Boden Mehl, Traubenzucker und Butter zu einem Teig verarbeiten. Teig dünn in eine gefettete, quadratische Backform drücken. Er sollte nicht dicker als 1 cm sein. Für 15–20 Minuten im Ofen backen, bis der Boden eine leichte Bräune hat.

Währenddessen die Eier, Traubenzucker und Mehl verrühren. Limettensaft und den Limetten-Abrieb hinzugeben und weiter rühren. Den Boden aus dem Ofen nehmen und für etwa 5 Minuten abkühlen lassen. Die vorbereitete Limettenfüllung über den Boden gießen und erneut für 15–20 Minuten backen. Sind die Ecken leicht braun, dann sind die Limettenschnitten fertig gebacken. Herausnehmen, abkühlen lassen. Dann in Portionen schneiden und frisch servieren.

Saftige Brownies

Zubereitungszeit: 20 Minuten
Backzeit: 15 Minuten

Nährwerte für 1 Brownie:

90 Kalorien	6 g Kohlenhydrate
2 g Proteine	6 g Fett

Zutaten für 8 Brownies

100 g Schokolade (mind. 70 % Kakaoanteil)
2 EL Kokosöl
1 Zucchini
2 Eier
100 g Haferflocken
1 EL Chiasamen
¼ TL Kakaopulver

Außerdem

Backpapier

Zubereitung

Backofen auf 180 °C vorheizen.

Schokolade zerkleinern und mit dem Öl im Wasserbad schmelzen. Zucchini klein schneiden und zu der Schokolade geben. Die Eier darüber schlagen und das Ganze fein pürieren. Haferflocken, Chiasamen und Kakaopulver dazugeben und gut verrühren. Alles in eine mit Backpapier ausgekleidete Form geben und für circa 15 Minuten backen. Kurz abkühlen lassen, in kleine Stückchen schneiden und servieren.

Sanddorn-Torte

Zubereitungszeit: 30 Minuten
Kühlzeit: mindestens 2 Stunde

Nährwerte für 1 Stück:

305 Kalorien	37 g Kohlenhydrate
10 g Proteine	12 g Fett

Zutaten für 1 Torte (12 Stück)

- 200 g Schokolade (mind. 70 % Kakaoanteil)
- 150 g Cornflakes
- 6 Blatt Gelatine
- 200 ml laktosefreie Sahne
- 500 g laktosefreier Magerquark
- 200 g Traubenzucker
- 120 ml Sanddornsaft (100 %)
- 1 TL abgeriebene Orangenschale
- 20 g gehackte Pistazienkerne

Außerdem

- Springform, 26 cm Durchmesser
- Backpapier

Zubereitung

Schokolade in einer Schüssel über dem Wasserbad auflösen. Cornflakes zugeben und unterrühren. Eine Springform mit Backpapier auslegen und dann die Schokoflakes-Masse darauf verteilen. Die Masse glatt streichen und in den Kühlschrank stellen.

Die Gelatine in kaltem Wasser für circa 5 Minuten einweichen. Sahne steif schlagen.

Für die Füllung Quark, Traubenzucker, Sanddornsaft und die geriebene Orangenschale verrühren. Gelatine aus dem Wasser nehmen, ausdrücken und im Wasserbad auflösen. Etwas von der Quarkmasse unter die Gelatine rühren, dann die Gelatine zügig mit der restlichen Quarkmasse verrühren. Die geschlagene Sahne unterheben.

Die Masse auf den Schokoladenboden geben und die Form wieder in den Kühlschrank stellen. Die Quarkmasse braucht etwa 2 Stunden, um fest zu werden. Die fertige Sanddorn-Torte vorsichtig vom Rand der Springform lösen und auf eine Tortenplatte geben. Torte mit gehackten Pistazienkernen verzieren.

Karotten-Walnuss-Rhabarberkuchen

Zubereitungszeit: 40 Minuten
Backzeit: 55 Minuten

Nährwerte für 1 Stück:

763 Kalorien	56 g Kohlenhydrate
12 g Proteine	52 g Fett

Zutaten für 1 Kuchen (12 Stück)

1 EL Kokosöl
250 ml Rapsöl
4 Eier
250 ml Ahornsirup (ohne Maissirup/HFCS)
300 g Reismehl
85 g Tapiokastärke
85 g Kartoffelmehl
½ TL geriebene Muskatnuss
1½ TL Backpulver
2 TL Natron
1 TL Johannisbrotkernmehl
3–4 große Karotten
8 Stangen Rhabarber
200 g Walnüsse
etwas weißes Mandelmus

Außerdem

Springform, 26 cm Durchmesser

Zubereitung

Backofen auf 180 °C vorheizen und Backform mit dem Kokosöl einfetten.

Rapsöl, Eier und den Ahornsirup mit einem Rührgerät schaumig schlagen.

Reismehl, Tapiokastärke und Kartoffelmehl mit Muskat und dem Backpulver, Natron und Johannisbrotkernmehl gut vermischen. Dann die Ei-Öl-Ahornsirup-Mischung dazugeben.

Karotten reiben. Karotten, klein gehackten Walnüsse und den klein geschnittenen Rhabarber vermengen und ebenfalls hinzufügen. Den Teig in die Backform geben und etwa 55 Minuten backen lassen. Anschließend noch etwa 10 Minuten in der Backform abkühlen lassen. Mit etwas Mandelmus als Topping servieren.

TIPP

Am nächsten Tag schmeckt der Kuchen noch besser und saftiger!

Limetten-Tarte

Zubereitungszeit: 20 Minuten
Backzeit: 45 Minuten

Nährwerte für 1 Stück:

140 Kalorien	23 g Kohlenhydrate
2 g Proteine	4 g Fett

Zutaten für 1 Tarte (12 Stück)

Für den Boden

1 EL Butter
100 g Reismehl
45 g Kartoffelmehl
100 ml Ahornsirup (ohne Maissirup/HFCS)
2 TL Limetten-Abrieb
125 g kalte Margarine

Für die Limettenschicht

3 Eier
150 ml Ahornsirup (ohne Maissirup/HFCS)
6 EL Limettensaft
1 EL Limetten-Abrieb
3 EL Reismehl

Außerdem

Tarteform, 26 cm Durchmesser

Zubereitung

Boden: Backofen auf 160 °C vorheizen und Tarteform einfetten.

Reismehl und Kartoffelmehl mit dem Ahornsirup und der Limettenschale in einer Schüssel gut verrühren. Dann nach und nach die Margarine hinzugeben, bis sich eine relativ feste Masse bildet. Diese in die vorbereitete Kuchenbackform geben und den Boden mit einem Löffel verstreichen. Dann etwa 15 Minuten backen, bis der Boden leicht gebräunt ist.

Limonenschicht: In der Zwischenzeit die Eier mit dem Ahornsirup aufschlagen und den Limettensaft, die Limettenschale und das Reismehl hinzufügen. Die Masse ist sehr flüssig und wird rasch auf den vorgebackenen Boden gegossen. Alles für weitere 30 Minuten bei 150 °C backen. Danach abkühlen lassen, damit die Tarte gut geschnitten werden kann.

Käsekuchen ohne Boden

Zubereitungszeit: 20 Minuten
Backzeit: 60 Minuten

Nährwerte für 1 Stück:

345 Kalorien	30 g Kohlenhydrate
10 g Proteine	20 g Fett

Zutaten für 1 Kuchen (12 Stück)

- 4 Eier
- 250 g Butter + 1 TL
- 1 TL Abrieb einer Tonkabohne
- 1000 g laktosefreier Magerquark
- 120 g Polenta
- 150 ml Reissirup
- 100 g Maisstärke
- Abrieb von 2 Limetten
- 1 Packung Backpulver

Außerdem

- Springform, 26 cm Durchmesser

Zubereitung

Backofen auf 175 °C vorheizen.

Eier trennen und das Eiweiß steifschlagen. Eigelbe mit Butter, dem Abrieb der Tonkabohne, Quark, Reissirup, Polenta, Maisstärke, Limettenabrieb und dem Backpulver vermischen. Vorsichtig das Eiweiß unter die Masse heben.

Alles in eine gefettete Form geben und 50–60 Minuten backen. Dabei den Ofen möglichst nicht zwischendurch öffnen, sonst kann es passieren, dass der Kuchen in sich zusammenfällt.

Schokokuchen

Zubereitungszeit: 20 Minuten
Backzeit: 45 Minuten

Nährwerte für 1 Stück:

241 Kalorien	40 g Kohlenhydrate
6 g Proteine	7 g Fett

Zutaten für 1 Kuchen (12 Stück)

- 170 g Reismehl
- 90 g Kartoffelmehl
- 75 g Maismehl
- 70 g Kakaopulver
- 2 TL Backpulver
- 1 TL Natron
- 2 Eier
- 100 ml Ahornsirup (ohne Maissirup/HFCS)
- 50 g geschmolzene Butter
- 200 g laktosefreier Joghurt
- 1 EL Abrieb einer Tonkabohne
- 170 ml laktosefreie Milch
- 1 EL Butter

Außerdem

- Kastenform

Zubereitung

Backofen auf 170 °C vorheizen. Kastenform mit Butter einfetten.

Für den Teig Reis-, Kartoffel- und Maismehl, Kakao, Backpulver und Natron in einer Schüssel vermischen.

In einer separaten Schüssel Ahornsirup mit den Eiern aufschlagen und nach und nach die geschmolzene Butter, Milch, Joghurt und den Abrieb der Tonkabohne hinzugeben. Alles gut miteinander vermengen. Den vorbereiteten Mehlmix dazugeben und mit dem Handrührgerät alles für 2–3 Minuten gut vermengen.

Teig in die gefettete Backform geben und insgesamt 45–55 Minuten backen: Nach den ersten 15 Minuten Kuchen oben einschneiden und weiter backen. Nach 30 Minuten in Alufolie einwickeln beziehungsweise abdecken, damit die Kruste nicht zu dunkel wird. Nach 45 Minuten können Sie auch einen Zahnstochertest durchführen, um zu kontrollieren, ob der Kuchen fertig ist.

Kartoffelpüree-Flachbrot

Zubereitungszeit: 35 Minuten
Ziehzeit: 30 Minuten
Backzeit: 15 Minuten

Nährwerte für 1 Brot:

130 Kalorien	22 g Kohlenhydrate
3 g Proteine	3 g Fett

Zutaten für 4 Flachbrote

- 4 große mehligkochende Kartoffeln
- 2 EL weiche Butter
- 2 Eier
- 100 g Reismehl
- 2 EL Maisstärke
- 2 Prisen Salz
- 1 TL Backpulver
- 1 TL Mohnsamen
- 1 TL Sesamsamen
- 1 Frühlingszwiebel (das Grün)
- 1 TL Basilikum (getrocknet)
- 1 Prise Salz
- etwas geschmolzene Butter

Zubereitung

Kartoffeln kochen und etwas abkühlen lassen. Backofen auf 230 °C vorheizen.

Kartoffeln in einer großen Schüssel zu Kartoffelbrei zerdrücken. Zuerst Butter und Eier unterrühren, dann Reismehl, Maisstärke, Salz und Backpulver. Solange weiter rühren, bis sich ein weicher Teig bildet. Die Teigkugel in Plastikfolie wickeln und für eine halbe Stunde in den Kühlschrank stellen.

In einer kleinen Schüssel Mohn- und Sesamsamen, das in Ringe geschnittene Grün der Frühlingszwiebel, Basilikum und Salz gut verrühren. Jetzt den Teig in vier Stücke schneiden. Rollen Sie daraus Kugeln und drücken Sie diese mit leicht (reis-)bemehlten Fingern flach. Auf ein mit Backpapier ausgelegtes Backblech legen. Mit geschmolzener Butter bestreichen und dann mit der Topping-Mischung bestreuen. 15 Minuten backen. Aus dem Ofen nehmen und nach Geschmack erneut mit geschmolzener Butter beträufeln.

Protein-Brötchen

Zubereitungszeit: 20 Minuten
Backzeit: 20 Minuten

Nährwerte für 1 Brötchen:

162 Kalorien	15 g Kohlenhydrate
13 g Proteine	5 g Fett

Zutaten für 6 Brötchen

- 120 g Haferkleie
- 1–2 Handvoll Schnittlauch
- 300 g laktosefreier Magerquark
- 3 TL Chiasamen
- 3 Eier
- 30 g Leinsamen
- 2 Prisen Salz

Außerdem

- 6 größere Muffinförmchen

Zubereitung

Backofen auf 200 °C vorheizen.

Haferkleie mit gehacktem Schnittlauch mischen. Anschließend alle anderen Zutaten zu der Kleie hinzufügen und vermengen. Die Mischung 10 Minuten stehen lassen, damit die Chiasamen gut quellen können. Der Teig müsste nun klebrig sein. Teig in die Muffinförmchen geben und glatt streichen. Mit dem Messer jeweils ein X in die Mitte der Brötchen zeichnen und für 15–20 Minuten im Backofen backen. Am Ende sollten die Brötchen eine schöne Bräune haben und aufgegangen sein.

Last but not least: Das Low-FODMAP-Brot

Zubereitungszeit: 15 Minuten
Backzeit: 45 Minuten

Nährwerte für 1 Scheibe:

105 Kalorien	10 g Kohlenhydrate
6 g Proteine	4 g Fett

Zutaten für 1 kl. Brot (10 Scheiben)

- 250 g laktosefreier Quark
- 70 g Haferflocken
- 80 g Haferkleie
- 50 g Leinsamenmehl
- 50 ml Wasser
- 10 g Backpulver
- 1 Ei
- 1 Prise Salz

Außerdem

- Backpapier

Zubereitung

Backofen auf 170 °C vorheizen.

Alle Zutaten mit dem Teigknethaken des Handrührgeräts zu einem Teig mixen.

Den Teig zu einem Brotlaib formen, auf einem mit Backpapier ausgelegten Blech in den Backofen schieben und 45 Minuten backen.

ANHANG

Glossar

Colitis ulcerosa
Colitis ulcerosa gehört zur Gruppe der chronisch-entzündlichen Darmerkrankungen und ist durch einen entzündlichen Befall des Dickdarms gekennzeichnet. Nur der Dickdarm ist von der Entzündung betroffen, welche auf die Darmschleimhaut beschränkt ist.

Disaccharide
Disaccharide bestehen aus zwei Monosacchariden und zählen zu den Kohlenhydraten.

Fermentation
Fermentation bezeichnet die Umwandlung organischer Stoffe durch Bakterien oder Enzyme in beispielsweise Säure, Gase oder Alkohol. Es gibt die verschiedensten Fermentationsarten. Als Beispiele seien die Milchsäuregärung oder die alkoholische Gärung genannt. In diesem Buch sprechen wir meist von der Milchsäuregärung, die auch als wilde Fermentation bezeichnet wird. Beispiele hierfür sind Sauerkraut oder Kimchi, die reich an gesunden Milchsäurebakterien sind.

Fruktose
Fruktose gehört als Monosaccharid – also als Einfachzucker – zu den Kohlenhydraten und zu den FODMAPs, die vor allem in Früchten in hoher Konzentration vorkommen.

Fruktane
Fruktane sind ein Gruppe von wasserlöslichen Oligo- und Polysacchariden. Sie ergänzen oder ersetzen Stärke als Speicherkohlenhydrat.

Fructo-Oligosaccharide (FOS)
Hierbei handelt es sich um eine Kette aus Fruktosemolekülen – also Mehrfachzucker –, die nicht durch die Verdauung abgebaut werden. Wir finden diese Ballaststoffe hauptsächlich als Bestandteil von zum Beispiel Getreide, reifen Bananen, Zwiebeln oder Lauch.

Galaktose
Galaktose wird auch Schleimzucker genannt. Es handelt sich um ein Monosaccharid, das in verschiedenen Schleimhäuten in den meisten Lebewesen vorkommt, unter anderem ist Galaktose auch in Muttermilch enthalten. Die Hauptquelle für Nahrungsgalaktose ist der bekannte Milchzucker, die Laktose, die im Dünndarm in Galaktose und Glukose aufgespalten wird.

Galaktane

Galaktane sind wasserlösliche, verzweigte Mehrfachzucker (Polysaccharide), die zu den FODMAPs gehören und schwer verdaulich sind. Sie sind Bestandteile von Zellwänden und kommen beispielsweise in Agar-Agar oder Lupinen vor.

Galakto-Oligosaccharide (GOS)

Hierbei handelt es sich um Ketten aus verschiedenen kurzen Galaktosemolekülen. Diese verursachen durch Gärungsprozesse und die dadurch bedingte Gasbildung verschiedenste Symptome im Darm wie beispielsweise Blähungen und Schmerzen.

Glukose

Glukose gehört zu den Kohlenhydraten und ist wie die Fruktose ein Monosaccharid. Sie wird auch als Traubenzucker bezeichnet und gehört nicht zu den FODMAPs. Normaler Haushaltszucker (Saccharose) besteht nur zu circa 50 Prozent aus Glukose, die anderen 50 Prozent sind Fruktose.

Kohlenhydrate

Kohlenhydrate gehören neben Fetten und Eiweißen zu den Makronährstoffen und stellen einen wichtigen Energielieferanten dar. Sie setzen sich aus den verschiedenen Sacchariden zusammen und können Einfach-, Zweifach-, Mehrfach- oder Vielfachzucker sein.

Laktase

Laktase ist ein Enzym, welches den Milchzucker (Laktose) in die Bestandteile Galaktose (Schleimzucker) und Glukose (Traubenzucker) spaltet.

Laktose

Laktose ist der in Milch und Milchprodukten enthaltene Zucker und wird deswegen auch Milchzucker genannt. Er gehört zur Gruppe der Disaccharide und besteht aus den Molekülen Galaktose und Glukose. Galaktose zählt zu den FODMAPs, weswegen Laktose vielen Menschen Darmprobleme verursacht.

Monosaccharide

Monosaccharide sind eine Gruppe von organisch-chemischen Verbindungen und die Bausteine aller Kohlenhydrate. Sie werden auch als Einfachzucker bezeichnet und können sich zu den anderen Sacchariden verbinden. Fruktose, Glukose, Galaktose sind die wichtigsten Einfachzucker des Stoffwechsels und damit die Hauptenergielieferanten. Sie dienen zudem als Zellbausteine.

Morbus Crohn

Morbus Crohn ist eine chronisch-entzündliche Darmerkrankung. Im Gegensatz zur Colitis Ulcerosa kann sie im gesamten Verdauungstrakt, also vom Mund bis zum Darm, auftreten.

Oligosaccharide

Unter Oligosacchariden versteht man Kohlenhydrate, die aus mehreren Monosacchariden bestehen.

Polyole

Polyole sind eine Gruppe von organischen Verbindungen. Dazu gehören die mehrwertigen Alkohole. Diese sogenannten Zuckeralkohole sind zum Beispiel in Zuckeraustauschstoffen enthalten.

Präbiotika

Präbiotika (auch Prebiotika) sind nicht verdaubare Lebensmittelbestandteile, die das Wachstum und/oder die Aktivität einer oder mehrerer Bakterienarten im Dickdarm anregen und somit die Gesundheit des Wirts verbessern.

Probiotika

Es handelt sich um eine Zubereitung, die lebensfähige Mikroorganismen enthält, und die in ausreichender Menge gesundheitsfördernde Einflüsse auf den Organismus haben kann. Zu den Mikroorganismen zählen Milchsäurebakterien oder Hefen, die man in Form von Pulver oder Kapseln als Nahrungsergänzung einnehmen kann.

Literaturverzeichnis

Belitz, Hans-Dieter; Grosch, Werner; Schieberle, Peter: Lehrbuch der Lebensmittelchemie. 6., vollständig überarbeitete Auflage. Springer, Berlin 2008, ISBN 978-3-540-73201-3

Brockow, Knut; Götz, Manfred; Hemmer, Wolfgang et al.; Jarisch, Reinhart (Herausgeber): Histaminintoleranz. Histamin und Seekrankheit. Thieme, Stuttgart 2013, ISBN: 978-3-13-105383-1

Engels, Bernd; Schmuck, Carsten; Fink, Reinhold; Schirmeister, Tanja: Chemie für Mediziner. Pearson, Hallbergmoos 2008, ISBN 978-3-8273-7286-4

Herold, Gerd: Innere Medizin 2019. Herold, Köln 2018, ISBN 978-3-9814660-8-9

Horton, H. Robert; Moran, Laurence A. et al.: Biochemie. Das Basislehrbuch. Pearson, Hallbergmoos 2008, ISBN-13 978-3827373120

Paas, Doris: Kurz und klar. Oligosaccharid-Unverträglichkeit. Books on Demand, Norderstedt 2014, ISBN 978-3-7357-2234-8

Renz-Polster, Herbert; Krautzig, Steffen: Basislehrbuch Innere Medizin. Elsevier, München 2013, ISBN 978-3-437-41114-4

Scheunemann, Horst: Zum physiologischen Verhalten von Fruktanen im Rahmen des Kohlenhydrathaushaltes vegetativer Pflanzenteile. Diss., Stuttgart 1993

Smollich, Martin; Vogelreuter, Axel: Nahrungsmittelunverträglichkeiten. Lactose, Fructose, Histamin, Gluten, Online Plus. Wissenschaftliche Verlagsgesellschaft, Stuttgart 2018, ISBN 978-3-8047-3508-8

Storr, Martin: FODMAP-Kompass. Tabellenband zur Low-FODMAP Diät mit Bewertung von über 500 Lebensmitteln und Nahrungsmittelzusatzstoffen. Books on Demand, Norderstedt 2019, ISBN 978-3-7431-4121-6

Storr, Martin: Der FODMAP Plan. Unbeschwert essen mit der FODMAP Diät. Ein 4 Wochen Ernährungsplan zur Behandlung von Verdauungsbeschwerden bei Reizdarm, Nahrungsmittelunverträglichkeiten, Morbus Crohn und Colitis ulcerosa. Books on Demand, Norderstedt 2019, ISBN 978-3-7431-4124-7

Verband der Diätologen (Herausgeber): Kochbuch zur FODMAP-armen Diät. Trauner, Linz (Österreich) 2017, ISBN 978-3-99033-871-1

Rezeptregister

Frühstücke

Buchweizenbrei 64
Reisflocken-Porridge mit Erdbeersoße 65
Beeren-Porridge 65
Bananen-Mandel-Oatmeal 66
Bircher-Müsli 66
Crêpes mit Blaubeeren 67
Pfannkuchen mit Schoko- und Aprikosensoße 68
Pancakes mit Erdbeeren 70
Haferflocken-Pancakes 70
Frühstückswaffeln belgische Art 71
Frühstückswaffeln mit Reispudding 72
Erdnussbutter-Riegel mit Schokolade 73
Frühstücks-Müsli-Riegel 74
Brombeer-Frühstücks-Riegel 75
Erdbeer-Chia-Marmelade 76
Grüner Smoothie mit Spinat, Brombeeren und Banane 76

Suppen

Karotten-Suppe 77
Zucchini-Suppe mit Chili 78
Süßkartoffel-Kokos-Suppe 78
Toskanische Gemüsesuppe 79
Hühnersuppe 80
Instant-Nudelsuppe aus dem Glas 80

Vegane Hauptgerichte

Asiatischer Gurken-Sesam-Salat 82
Thai-Quinoa-Salat 84
Brokkoli-Hirse-Salat mit Pestodressing im Glas 85
Zucchini-Hummus 86
Krautsalat 88
Polenta-Gnocchi 89
Indische Pfannkuchen mit Erdnuss-Chutney und Gemüse 90
Kürbis-Süßkartoffel-Eintopf 92
Gefüllter Hokkaidokürbis 94
One-Pot-Hirse 96

Vegetarische Hauptgerichte

Zucchini-Spinat-Salat mit Erdnüssen 98
Gebackener Camembert in Nusspanade 99
Frische Spinatrolle 99
Reis-Omelett mit Zucchini 100
Aubergine mit Feta und Gewürzdressing 100
Auberginenröllchen mit Quinoa 101
Vegetarische Lasagne 102
Überbackene Spätzle 104
Gemüse-Pfannkuchen 105
Kartoffel-Pesto-Pfanne 106
Gemüse-Frittata 107
Mozzarella-Kartoffeln auf Tomaten 108
Quark-Tomaten-Sandwiches 109
Gemüse-Curry 110
Ratatouille 112

Hauptgerichte mit Fleisch

Sesam-Chicken-Buddha-Bowl 113
Mit Käse gefüllte Hackbällchen 114

Italienische Hühnchenpfanne Pollo Cacciatore 114
Eiersalat mit Speck 115
Limetten-Huhn auf Reis 115
Huhn, Tomaten und Pesto-Sauce 116
Moussaka 117
One-Pot-Reis mit Brokkoli und Hähnchen 118
Hähnchen Cordon Bleu 119
Grünes Thai-Curry 120
Scharfer Gurkensalat mit Hackfleisch und Cashews 122
Kohlrabi-Kartoffel-Gratin mit Schinken 124
Zoodles mit Pute 124

Hauptgerichte mit Fisch
Maispasta mit Lachs 125
Thunfischsalat auf Gurke 126
Reisnudeln mit Garnelen 126
Würzige Limettenpasta mit Garnelen 127
Lachs auf Spinatbett mit Erdnuss-Sauce 128
Thunfischnudeln 129
Pastinaken-Nudeln mit Pesto und Garnelen 130

Grundrezepte
Low-FODMAP-Dressing 131
Low-FODMAP-Pesto 131
Low-FODMAP-Gemüsebrühe 132

Desserts
Tapioka-Kokos-Pudding 133
Schokoladen-Orangen-Chia-Pudding 134
Warmes Kakao-Chia-Pudding 134
Bananeneis-Häppchen 135
Kokos-Limetten-Eis 135
Himbeereis im Schokomantel 136

Gebäck
Maronenkipferl 137
Kokos-Erdmandel-Kekse 137
Marzipansterne 138
Schokoladenkekse 139
Haferflocken-Brombeer-Kekse 140
Saftige Scones mit frischen Brombeeren 141
Saftige Gewürzlebkuchen 142
Limettenschnitten 143
Saftige Brownies 144
Sanddorn-Torte 145
Karotten-Walnuss-Rhabarberkuchen 146
Limonen-Tarte 147
Käsekuchen ohne Boden 148
Schokokuchen 150
Kartoffelpüree-Flachbrot 151
Protein-Brötchen 152
Last but not least: Das Low-FODMAP-Brot 152

Bibliografische Information der Deutschen Nationalbibliothek
Die Deutsche Nationalbibliothek verzeichnet diese Publikation in der deutschen Nationalbibliografie; detaillierte bibliografische Daten sind im Internet über http://dnb.ddb.de/ abrufbar.

ISBN 978-3-8426-2929-5 (Print)
ISBN 978-3-8426-2930-1 (PDF)
ISBN 978-3-8426-2931-8 (EPUB)

Fotos:
Titelmotiv: Shutterstock – Nina Firsova, arigato, Illizium
Stock.adobe.com: New Africa: 6/7; Flaffy: 18/19; jayoimage: 23; Printemps: 27; zolga: 30/31; Natureveryday: 40; dimarikpron: 42; Jiri Hera: 64; sriba3: 69; Nataliya Gaus: 71; Elena: 91; Vladislav Gudovskiy: 104; B. and E. Dudziski: 107; Doris Heinrichs: 108; JJAVA: 109; graja: 136; skyf: 138; Dmitrii: 144; Mara Zemgaliete: 148
123rf.com: Olga Miltsova: 106; Igor Dutina: 118
iStockphoto.com: bphillips: 121
Karina Haufe: 62/63, 67, 73, 77, 81, 83, 87, 93, 95, 97, 103, 111, 123, 129, 133, 149

Originalausgabe

Die Ratgebermarke der Schlüterschen Verlagsgesellschaft mbH & Co. KG
Hans-Böckler-Allee 7, 30173 Hannover
www.humboldt.de
www.schluetersche.de

Lektorat: Pepe Peschel, PEPE Die Redaktion für Gesundheit & Medizin, München
Layout: Groothuis, Lohfert, Consorten, Hamburg
Covergestaltung: Zero, München
Satz: Die Feder, Konzeption vor dem Druck GmbH, Wetzlar
Druck und Bindung: Gutenberg Beuys Feindruckerei, Langenhagen